A reflexão e a prática no Ensino Médio

12

Sociologia

Blucher

A reflexão e a prática no Ensino Médio

12

Sociologia: formação de conceitos e problematização de práticas sociais

Márcio Rogério de Oliveira Cano
coordenador da coleção

Davisson Charles Cangussu de Souza

Débora Cristina Goulart

autores

Coleção A reflexão e a prática no Ensino Médio – volume 12 – Sociologia: formação de conceitos e problematização de práticas sociais

© 2019 Márcio Rogério de Oliveira Cano (coord.), Davisson Charles Cangussu de Souza, Débora Cristina Goulart

Editora Edgard Blücher Ltda.

Blucher

Rua Pedroso Alvarenga, 1245, 4º andar
04531-012 – São Paulo – SP – Brasil
Tel.: 55 11 3078-5366
contato@blucher.com.br
www.blucher.com.br

Segundo o Novo Acordo Ortográfico, conforme 5. ed. do *Vocabulário Ortográfico da Língua Portuguesa*, Academia Brasileira de Letras, março de 2009.

É proibida a reprodução total ou parcial por quaisquer meios sem autorização escrita da editora.

Todos os direitos reservados pela Editora Edgard Blücher Ltda.

Dados Internacionais de Catalogação na Publicação (CIP)
Angélica Ilacqua CRB-8/7057

Souza, Davisson Charles Cangussu de
   Sociologia : formação de conceitos e problematização de práticas sociais / Débora Cristina Goulart, Davisson Charles Cangussu de Souza. – São Paulo : Blucher, 2019.
   142 p. : il. (Coleção A reflexão e a prática no Ensino Médio ; 12 / coordenado por Márcio Rogério de Oliveira Cano)

   Bibliografia
   ISBN 978-85-212-1374-1 (impresso)
   ISBN 978-85-212-1375-8 (e-book)

   1. Ensino 2. Sociologia (Ensino médio) – Estudo e Ensino 3. Didática (Ensino médio) 4. Professores de segundo grau – Formação I. Título. II. Cano, Márcio Rogério de Oliveira III. Souza, Davisson Charles Cangussu de.

19-0191   CDD 373

Índice para catálogo sistemático:
   1. Ensino médio – Sociologia – Prática de ensino

Coordenação e autores

COORDENADOR DA COLEÇÃO

MÁRCIO ROGÉRIO DE OLIVEIRA CANO

Professor do curso de Letras do Departamento de Ciências Humanas da Universidade Federal de Lavras (UFLA), mestre e doutor pelo Programa de Estudos Pós-Graduados em Língua Portuguesa da Pontifícia Universidade Católica de São Paulo (PUC-SP). Desenvolve pesquisas na área de Ensino de Língua Portuguesa e Análise do Discurso. Possui publicações e trabalhos apresentados na área, além de vasta experiência nos mais variados níveis de ensino. Também atua na formação de professores de Língua Portuguesa e de Leitura e Produção de Textos nas diversas áreas do conhecimento.

AUTORES

DAVISSON CHARLES CANGUSSU DE SOUZA

Bacharel e licenciado em Ciências Sociais pela Universidade Estadual de Campinas (Unicamp), com mestrado e doutorado em Sociologia pela Universidade de São Paulo (USP) e pós-doutorado pela École de Hautes Études en Sciences Sociales (França). Ex-professor de História e Sociologia do ensino fundamental e do ensino médio. Docente do curso de graduação e do Programa de Pós-Graduação em Ciências Sociais da Universidade Federal de São Paulo (Unifesp). Coordenador do Grupo de Estudos e Pesquisas sobre Educação, Classes e Conflitos Sociais e do subprojeto de Ciências Sociais do PIBID-Unifesp. Publicou os livros *Sindicalismo e desempregados* (Fino Traço, 2013) e *Sindicato e demissões* (Expressão Popular, 2014).

DÉBORA CRISTINA GOULART

Bacharel e licenciada em Ciências Sociais pela Pontifícia Universidade Católica de São Paulo (PUC-SP), mestre em Sociologia pela Universidade Estadual de Campinas (Unicamp) e doutora em Ciências Sociais pela Universidade Estadual Paulista "Júlio de Mesquita Filho" (Unesp). Foi professora de Sociologia no ensino médio da rede pública estadual de São Paulo, lecionou Geografia no ensino fundamental da rede pública municipal de São Paulo e também foi diretora de escola no município de São Paulo. Atualmente é professora do departamento de Ciências Sociais da Universidade Federal de São Paulo (Unifesp), *campus* Guarulhos, e pesquisadora do Núcleo de Estudos de Ideologias e Lutas Sociais (NEILS) da PUC-SP e do Grupo de Estudos e Pesquisa Educação e

Classes Sociais (GEPECSO), da Unifesp. Também é membro da Rede Escola Pública e Universidade. Têm se dedicado a temas como movimentos sociais e educação, condição docente e classes sociais, formação de professores, ensino de sociologia e políticas educacionais.

Apresentação da coleção

A sociedade em que vivemos hoje é um espaço dos lugares virtuais, do dinamismo, da diversidade, mas também do consumo, da compra da felicidade e do seu envelhecimento para ser trocada por outra. Formar o sujeito em dias como esses é nos colocarmos no lugar do risco, da complexidade e do vazio que vem a ser preenchido pelos vários sentidos que esse sujeito existente produz nos espaços em que circula, mas que não são fixos. A escola é hoje um desses espaços. Em outras épocas, em lógicas anteriores, ensinar o conteúdo em detrimento da falta de conteúdo bastava; a escolha era entre aprovar e reprovar, entre a verdade e a mentira. Agora, o trabalho dessa mesma escola (ou de outra escola) é produzir o desenvolvimento desse sujeito no cruzamento de suas necessidades individuais com as do coletivo, do seu modo de aprendizagem com o modo coletivo, do local harmonizado com o global. Isso faz do ensino um trabalho árduo para contemplar essas adversidades e poder desenvolver um trabalho competente a partir delas.

Se a sociedade e a escola estão nessas dimensões, ao pensarmos em uma modalidade específica como o Ensino Médio, temos um exemplo em maior potencial de um lugar esvaziado pela história e pelas políticas educacionais. Qual a função do Ensino Médio em meio ao Ensino Fundamental e à Graduação, em meio à infância, à pré-adolescência e à fase adulta? O objetivo centra-se na formação para o trabalho, para o mundo do trabalho, para os processos seletivos de entrada em universidades, para uma formação humanística ou apenas uma retomada com maior complexidade do Ensino Fundamental?

Em meio a esses questionamentos, surgiu o projeto dessa coleção, voltado especificamente para pensar metodologias pedagógicas para as diversas áreas que compõem o Ensino Médio. A questão central que se colocava para nós, no início, não era responder a essas perguntas, mas sistematizar uma proposta, nas diversas áreas, que pudesse, ao seu término, produzir um discurso que preenchesse o espaço esvaziado dessa modalidade de ensino e que, de certa forma, se mostrasse como emblemático da discussão, propiciando outros questionamentos a partir de um lugar já constituído.

Por isso, nesta coleção, o professor que já atua em sala e o professor em formação inicial poderão ter contato com um material produzido a partir das pesquisas e reflexões de vários professores e pesquisadores de diversas instituições de pesquisa e ensino do Brasil que se destacaram nos últimos anos por suas contribuições no avanço da educação.

Aqui, a proposta contempla não formas e receitas para se trabalhar conteúdos, mas metodologias e encaminhamentos pedagógicos que possam contribuir com a reflexão do professor acerca do seu trabalho local em relação ao coletivo, bem como os objetivos de aprendizagens nas diversas instituições que formam professores.

Nossos pilares para a construção desse material foram definidos a partir das pesquisas já desenvolvidas, focando, primeiro, a noção de formação de um sujeito transdisciplinar/interdisciplinar, pois concordamos que o foco do ensino não deve ser desenvolver este ou aquele conteúdo, mas este e aqueles sujeitos. Por isso, entendemos que o ensino passou de um paradigma centrado no conteúdo para outro focado no ensino e, agora, na aprendizagem. Por isso, tendo como centro o sujeito e a sua aprendizagem, as propostas são construídas de forma a servirem de ponto de partida para a ação pedagógica, e não como roteiro fixo de aprendizagem, pois, se as aprendizagens são diferentes, todos os trabalhos precisam ser adaptados às suas realidades.

Essa ação pedagógica procura primar pelo eixo experiência--reflexão. Amparada pela história e por um ensino tradicional, a escola ainda reproduz um modelo puramente intelectivo sem, no entanto, oportunizar a experiência, fazendo a reflexão sobre o que não se viveu. O caminho que apresentamos aqui leva ao inverso: propor a experiência para os alunos e depois fazer a reflexão, seguindo o próprio caminho que faz com que a vida nos ensine. Vivemos as experiências no mundo e aprendemos com ela. À escola, cabe sistematizar essa reflexão sem nunca negar a experiência.

Se o sujeito e suas experiências são centrais, a diversidade dos sentidos apresentará um modelo bastante complexo de discussão, sistematização e encaminhamento pedagógico. A diversidade contempla as diferentes histórias, de diferentes lugares, de diferentes etnias, gêneros, crenças etc., mas só com ela presente em sala de aula podemos fazer com que esse sujeito veja sentido naquilo que aprende e possa construir um caminho para a vida a partir de sua diversidade.

Assim, pensamos, enfim, em contribuir com o Ensino Médio como um lugar cuja maturidade possibilite a ligação entre uma experiência de vida que se abre para o mundo, uma experiência local, familiar, muitas vezes protegida, que se abre para um mundo de uma ação de trabalho coletiva, democrática, centrada no outro, das adversidades das escolhas universitárias (ou não), de outros caminhos possíveis, de um mundo de trabalho ainda opressor, mas que pode ser emancipador. E, nesse espaço, queremos refletir sobre uma possibilidade de função para o Ensino Médio.

Agradecemos a escolha e convidamos todos a refletir sobre esse mundo conosco.

Márcio Rogério de Oliveira Cano

Coordenador da coleção

Conteúdo

APRESENTAÇÃO 13

1. A TRAJETÓRIA DAS CIÊNCIAS SOCIAIS NA EDUCAÇÃO BÁSICA.......... 17

2. UMA PROPOSTA DE ENSINO DE SOCIOLOGIA BASEADA NA
   PEDAGOGIA HISTÓRICO-CRÍTICA 25

3. A SOCIOLOGIA COMO CIÊNCIA 35

4. CAPITALISMO E CLASSES SOCIAIS 45

5. A FORMAÇÃO SOCIAL BRASILEIRA 61

6. TRABALHO E ESTRATIFICAÇÃO SOCIAL............................... 71

7. CULTURA.. 81

8. IDEOLOGIA OU IDEOLOGIAS? 91

9. PODER, POLÍTICA E ESTADO.. 105

10. MOVIMENTOS SOCIAIS 125

Apresentação

O público-alvo da coleção A reflexão e a prática no Ensino Médio são os professores. Os textos e sugestões de atividades destes capítulos não devem ser lidos como os de um livro didático destinado a alunos, mas como uma fonte de diálogo, estímulo e provocação às escolhas teórico-metodológicas feitas pelos docentes em suas práticas cotidianas em sala de aula.

Embora nosso recorte priorize alguns temas das ciências sociais, que consideramos fundamentais para oferecer aos alunos uma visão globalizante dos fundamentos da sociedade em que vivemos – sem esquecer das particularidades brasileiras –, não temos a pretensão de apresentar uma proposta curricular fechada para a Sociologia no Ensino Médio, esgotando as possibilidades de recortes escolhidos pelos professores. Nosso foco é problematizar as abordagens de alguns temas com base em uma dupla entrada: 1) o debate teórico e o metodológico da sociologia escolar; e 2) a necessidade de avanço em suas práticas de ensino.

A discussão sobre quais conteúdos das ciências sociais (os temas, as teorias, os conceitos) e a abordagem dada a cada um deles são sempre alvo de interesses e disputas. Porém, pensamos que o esforço de tradução didática de toda a diversidade de nosso campo acaba empobrecendo o *conhecimento científico*, comprometendo a construção de um alicerce que garanta uma passagem segura para o *conhecimento escolar*. Nesse sentido, defendemos a necessária assunção de uma leitura específica da sociedade – o que exige um marco teórico como ponto de partida – que permita testemunhar aos alunos do Ensino Médio uma visão global da sociedade com base nos conceitos próprios das ciências sociais.

Também pensamos que chegou a hora de a Sociologia no Ensino Médio se aproximar mais do debate pedagógico. Desde sua reintrodução no currículo escolar, o debate sobre metodologias de ensino de ciências sociais vem buscado estabelecer alguns pressupostos fundamentados nas especificidades do conhecimento da área – presentes em noções como *estranhamento/desnaturalização* e *imaginação sociológica*. Entretanto, pouco temos nos aproximado de áreas que possuem maior tradição na discussão de teorias do ensino e da aprendizagem, como pedagogia e psicologia educacional. Buscamos, neste livro, não só reconhecer a importância desse debate como também tomar uma posição diante dele. É nesse contexto que se dá nossa opção pela pedagogia histórico-crítica.

Por fim, vale ressaltar que também houve pouco avanço na sistematização do conhecimento acumulado sobre práticas de ensino de Sociologia, para o qual muito contribui nossa presença intermitente e retorno ainda recente no currículo escolar. É verdade que estamos presentes no Exame Nacional do Ensino Médio (Enem) há algum tempo e que os livros de Sociologia tenham proliferado no mercado – o que nos permitiu participar das últimas três versões do Programa Nacional do Livro Didático (PNLD). Também devemos lembrar a experiência do Programa Institucional de Bolsa de Iniciação à Docência (Pibid), que tem contribuído com muitos avanços sobre o cotidiano da sala de aula. Entretanto, ainda persiste o relato em nossas aulas de estágio supervisionado da dificuldade imensa dos licenciandos em começar sua experiência profissional com uma base sólida relacionada às práticas de ensino. Como aproximar conceitos – muitas vezes tão abstratos – da Sociologia, da Antropologia e da Ciência Política ao público juvenil? Daí nossa preocupação em incluir propostas de intervenções didáticas que vão além das questões de mera opinião ou do caráter decodificador do texto de base.

Este livro é composto de dez capítulos. No Capítulo 1, "A trajetória das ciências sociais na educação básica", traçamos um breve panorama da inclusão da Sociologia no currículo escolar, que está prestes a completar uma década. Já o Capítulo 2, "Uma proposta de ensino de Sociologia baseada na pedagogia histórico-crítica", tem um caráter mais metodológico. É nele que buscamos tomar uma posição diante do debate sobre metodologias de ensino, justificando nossa escolha pela pedagogia histórico-crítica que, segundo nosso entendimento, permite um equacionamento de algumas das principais dificuldades encontradas na consolidação da sociologia escolar.

Os oito capítulos seguintes apresentam temas cuja abordagem consideramos fundamental nas aulas de Sociologia no Ensino

Médio. Em todos eles, oferecemos diversas sugestões de atividades, que têm uma preocupação comum: convidar os professores a utilizar um amplo repertório de recursos didáticos com base em questões problematizadoras.

Como já anunciamos, com esses capítulos, pretendemos oferecer uma proposta de interpretação da sociedade atual em que vivemos, visando orientar uma leitura globalizante dos professores em sala de aula. No entanto, esse esforço deve estar submetido a uma necessidade inicial: introduzir a disciplina aos alunos que estão tendo o primeiro contato com a sociologia no Ensino Médio. Assim, o Capítulo 3, "A Sociologia como ciência", defende a necessidade de problematizar a relação entre *conhecimento de senso comum* e *conhecimento científico* nas ciências sociais, aproximando os alunos a métodos e, principalmente, a resultados de pesquisas científicas. Embora esse tema possa ser tratado em aulas específicas, pensamos que deva servir como um operador metodológico para o tratamento dos temas seguintes.

Começando pela base material da sociedade, os leitores encontram três capítulos. O Capítulo 4, "Capitalismo e classes sociais", busca oferecer um quadro conceitual para interpretar o modo de vida no capitalismo. Sabendo que nossa sociedade é capitalista e que se divide em classes, é dela que devemos partir. Mas isso não basta. É preciso entender as especificidades do capitalismo brasileiro. Esse é o sentido do Capítulo 5, "A formação social brasileira", que revisita algumas teorias que buscaram interpretar o Brasil à luz de sua herança colonial e das formas de dominação presentes na reprodução de seu capitalismo dependente. Já o Capítulo 6, "Trabalho e estratificação social", parte de uma tomada de posição diante de um debate acadêmico que ganhou fôlego nas últimas décadas, segundo o qual o trabalho não mais seria uma categoria sociológica relevante para explicar o mundo atual. Ao contrário, considerando a importância de discutir outras formas de estratificação e clivagens sociais, buscamos explicitar as manifestações contemporâneas do trabalho no capitalismo.

Nos capítulos seguintes, procuramos dar conta de algumas questões centrais da dimensão simbólica da vida. Desse modo, o Capítulo 7, "Cultura", busca tratar de algumas discussões nucleadas em torno da noção de "cultura", especialmente como se dá a produção de preconceitos, estereótipos e formas de opressão, bem como de hierarquias e escalas de prestígio. O Capítulo 8, "Ideologia ou ideologias?", por sua vez, procura sustentar que a reprodução das relações sociais no nível cultural e simbólico se dá por meio de ideologias que ocultam interesses de classe e legitimam desigualdades.

Finalmente, os dois capítulos finais tratam da dimensão política da vida social. No Capítulo 9, "Poder, política e Estado", o foco são as relações de dominação, com ênfase na cena e no palco mais visíveis: o exercício e as lutas em torno do poder político no aparelho estatal. Já o Capítulo 10, "Movimentos sociais", dá conta de processos de luta de classes, frações e grupos que se mobilizam ao redor de questões materiais e simbólicas, situando-os na correlação de forças econômica, política, cultural e ideológica.

Com esse percurso, pensamos que os professores vão estar mais preparados para cumprir um dos objetivos mais relevantes da Sociologia no Ensino Médio: formar indivíduos críticos das relações sociais no mundo atual e de suas necessárias transformações.

Boa leitura!

Davisson Charles Cangussu de Souza e
Débora Cristina Goulart

1

A trajetória das ciências sociais na educação básica

Este é um livro que procura dialogar com os professores sobre metodologia do ensino de ciências sociais. Nossa contribuição pretende ser mais do que refletir sobre experiências de sala de aula; por isso, trazemos as referências teóricas dessa área específica e da educação, para pensarmos ações pedagógicas que sejam rigorosas com conceitos e teorias e, ao mesmo tempo, adequadas para o desenvolvimento dos conhecimentos sociológicos em âmbito escolar.

A presença das ciências humanas na instituição escolar no Brasil não é recente, mas sua divisão em disciplinas escolares costuma passar por alterações a cada nova proposta curricular. Atualmente, o Ensino Médio tem sido alvo de críticas, ora por ser muito abrangente, propedêutico, constituindo apenas uma passagem entre o Ensino Fundamental e o Superior, ora por focalizar o mercado de trabalho, ser especializado e reduzir as chances de continuidade nos estudos. Em geral, a ênfase em uma ou outra orientação provoca mudanças que tendem a se concentrar na extinção ou criação/agrupamento de disciplinas, reestruturando os conteúdos escolares.

Os estudos sobre currículos, história das disciplinas e da sociologia do currículo mostram que há condicionantes societários de diversas ordens que interferem na construção curricular. De acordo com o sociólogo britânico Basil Bernstein (1996), os sistemas simbólicos das sociedades modernas, dos quais o currículo escolar faz parte, são disputados no âmbito das lutas nas instituições, por controle social, nas reformas políticas do Estado, que colocam em movimento classes, ideologias, intelectuais, os quais disputam o sentido da organização dos saberes e mecanismos pedagógicos. Por isso, o conceito de recontextualização é tão importante em sua obra e também em nossa discussão sobre a metodologia e o ensino de ciências sociais.

Segundo Bernstein (1996), há o campo em que se constroem os conhecimentos científicos e acadêmicos, ou seja, o campo de contextualização. Ainda ocorrem processos de recontextualização, como os que operam nos diversos níveis dos órgãos governamentais, mas com influências externas e menos autonomia do campo produtor de ciência, construindo discursos pedagógicos. A recontextualização é um processo que se desenrola também nas escolas, não apenas reproduzindo conhecimentos como produzindo situações de transformação dos conhecimentos científicos em conteúdos escolares, tornando-os assimiláveis aos estudantes. A formação das disciplinas escolares está mais distante dos conhecimentos especializados das ciências de referência e passa por um processo de recontextualização pedagógica, com a regulação de seu discurso, criando identidades pedagógicas. Se "o que ensinar" é um ponto em disputa em que estão presentes o campo educacional e, em menor medida, o campo científico de referência, as contribuições do "como ensinar", inclusive no ensino de ciências sociais, têm sido hegemonizadas pelos pedagogos, em detrimento das contribuições dos próprios cientistas sociais, mais voltados à compreensão dos sistemas escolares e das formas de dominação que neles se reproduzem.

Por isso, o conceito de transposição didática (CHEVALLARD, 1991) e de mediação didática (LOPES, 1999) são importantes ferramentas para pensar a relação entre professor-saber-aluno, indo além da relação professor-aluno. A introdução do saber na relação de ensino-aprendizagem de forma mais sistematizada nesses estudos traz à tona a especificidade do saber escolar como conhecimento próprio da escola, como uma construção singular que exige configurações cognitivas que passam a compor a cultura escolar, e não como conhecimento deturpado em relação ao conhecimento científico.

O debate acerca da relação entre ciência de referência e conhecimento escolar, essa sim, é bastante recente nas ciências sociais no Brasil e vem se desenrolando mais incisivamente nos anos 2000. Fica a pergunta: por que esse distanciamento teve força para manter-se durante tanto tempo na educação básica, visto que as ciências sociais, sobretudo a sociologia, já havia alcançado lugar de referência como ciência desde os anos 1920?

Para além de periodizações, é importante conhecer como o processo de instauração da sociologia como ciência está relacionado à consolidação do ensino de sociologia no Brasil.

Desde o período colonial, os "temas sociológicos" estão presentes em obras literárias escritas por mãos de intelectuais não especializados, nos relatos etnográficos de viajantes, ensaios etc. A força dessas contribuições aparece na segunda metade do século XIX já de maneira sistematizada e com caráter científico nos estudos dos intelectuais da época que se voltaram para alguns temas, como o branqueamento da população, a imigração estrangeira, a formação e desenvolvimento da nação, a formação da classe operária, entre outros. Porém, a sociologia no Brasil, como ciência, instituiu-se a partir do início do século XX, com bastante influência da sociologia francesa comtiana do final do século XIX.

A institucionalização da Sociologia teve forte impulso nos anos 1920 e 1930, com a criação dos cursos superiores de Sociologia e Ciências Sociais, a publicação e repercussão das obras *Casa-grande e senzala*, de Gilberto Freyre, *Raízes do Brasil*, de Sérgio Buarque de Holanda, e *Evolução política do Brasil*, de Caio Prado Jr., e a produção de um conjunto de manuais didáticos voltados à disciplina de Sociologia nos cursos secundários (MEUCCI, 2011). Ao contrário do que temos visto atualmente, o ensino de Sociologia mobilizou grande parte dos cientistas sociais durante a primeira metade do século XX, uma vez que muitos trabalhavam nesse nível de ensino e porque o viam como campo fundamental de atuação para as mudanças sociais.

> **Criação dos cursos superiores de Sociologia e Ciências Sociais:** Criação da Escola Livre de Sociologia e Política em São Paulo, em 1933, da Universidade de São Paulo (USP), em 1934, e da Universidade do Distrito Federal, no Rio de Janeiro, em 1935.

Em 1925, a Reforma Rocha Vaz introduziu a Sociologia no Colégio Pedro II, no Rio de Janeiro. Sendo considerado o "modelo" para os colégios da época, de certa forma, tal fato obrigou a adoção da disciplina em outros centros de formação. Em 1928, a disciplina Sociologia foi introduzida nos cursos normais de formação de professores primários e, em 1931, com a Reforma Francisco Campos, passou a integrar o currículo dos cursos preparatórios para universidades e faculdades, em cursos como Direito, Medicina e Engenharia. A Sociologia alçava importância na formação de bacharéis e professores. Em decorrência da adoção da disciplina no ensino secundário, houve a produção de inúmeros manuais didáticos para atender esse nível preparatório e o universitário recém-criado, difundindo o conhecimento sociológico e confirmando a sociologia no meio escolar para, posteriormente, consolidá-la na academia.

A Escola Nova, por meio de intelectuais como Fernando de Azevedo e Anísio Teixeira, viam na sociologia uma contribuição essencial para o diagnóstico científico e o planejamento racional da intervenção escolar. A sociologia era apresentada como ferramenta para a capacitação dos indivíduos no sentido da intervenção na realidade. Dessa maneira, a formação sociológica dos professores auxiliou enormemente a autonomização da Sociologia, pois a análise da realidade social era etapa necessária para a formulação de qualquer projeto de ação educativa no período (GUELFI, 2007). Em 1942, a Reforma Gustavo Capanema, que aprofundou a dualidade do ensino secundário, com o ensino público voltado às classes dominantes e o profissionalizante destinado à classe trabalhadora, retirou a Sociologia do currículo e a manteve apenas no curso normal, como Sociologia Educacional.

A disciplina enfrentava os debates da época sobre a modernização econômica, a necessidade da inserção capitalista do Brasil e a intensificação do modelo urbano-industrial. Para tanto, a educação orientada pela ciência seria um dos importantes suportes para a democratização da sociedade brasileira. Intelectuais como Florestan Fernandes, Costa Pinto, Antonio Candido, entre outros, voltavam-se para o debate não só da importância do ensino da Sociologia como das características e das necessidades da educação para o avanço de uma visão científica da sociedade, da negação do obscurantismo retrógrado do senso comum e, consequentemente, do papel da educação pública e laica para a modernização do Brasil. O envolvimento de sociólogos com esse tema levou, por exemplo, à realização do Symposium sobre Ensino de Sociologia e Etnologia, organizado em 1949 pela Escola Livre de Sociologia e Política de São Paulo.

Houve um duplo processo, em que a retirada da Sociologia como disciplina do ensino secundário, em 1942, e seu fortalecimento no nível superior, sobretudo a partir da ditadura civil-militar iniciada em 1964, levou à reacomodação do campo das ciências sociais. Ao mesmo tempo que houve impulso a programas de pós-graduação no país, a política educacional da ditadura gerou expurgos de intelectuais críticos ao regime, afastando as pesquisas de temas sociais e políticos candentes e, ainda, regionalizou o currículo do Ensino Superior, agrupando História, Geografia e Ciências Sociais em um curso de licenciatura em Estudos Sociais de formação aligeirada. No nível básico, instaurou, com a LDB 5.692/71, as disciplinas de Organização Social e Política do Brasil (OSPB) e Educação Moral e Cívica (EMC), que difundiam o civismo e a doutrina de segurança nacional, por meio da ideologia do patriotismo. A vinculação dos intelectuais com a formação docente e com a educação, incluindo o ensino de sociologia que existia até a década de 1930, arrefeceu, e a contribuição do campo das ciências sociais a esses temas foi esquecida. As ciências sociais passaram a existir somente no ensino superior, voltadas a outros objetos de pesquisa, o que levou à deslegitimação dos estudos sobre educação nesse campo até hoje e ao desprestígio da licenciatura no âmbito acadêmico, demonstrado inclusive pelos modelos formativos dos cursos de graduação em Ciências Sociais (HANDFAS, 2009).

Com a abertura política em meados dos anos 1980, as ciências sociais voltaram a envolver-se com questões candentes, como os movimentos sociais, estudantil e operário que se mobilizavam por transformações democráticas. Em 1985, Octavio Ianni expôs uma proposta para o ensino de ciências sociais que dialogava com o propósito de reestabelecer os vínculos entre ciências sociais e educação. Afirmou que a centralidade do ensino crítico estava no trabalho com as ideias de movimento, trabalho e consciência e listou alguns temas fundamentais para esse ensino (IANNI, 2011).

> Octavio Ianni expôs uma proposta para o ensino de ciências sociais: Palestra proferida na Coordenação de Ensino e Normas Pedagógicas do Estado de São Paulo, em 1985.

A mobilização de educadores e sociólogos pelo retorno da Sociologia ao currículo tomou fôlego com a promulgação da lei n. 7.044/82, que flexibilizava a obrigatoriedade do segundo grau profissionalizante, possibilitando uma escola média de caráter formativo geral, em que poderia ser reintroduzida a disciplina. A década de 1990 viu a articulação de setores universitários e da educação básica pelo retorno da obrigatoriedade da disciplina de Ciências Sociais/Sociologia. No entanto, a promulgação da Lei de Diretrizes e Bases (LDB), em 1996, esfriou os ânimos, pois trazia a lógica da contextualização e interdisciplinaridade (LOPES, 1999) e colocava as ciências sociais como conteúdo transversal de outras disciplinas das ciências humanas. À LDB, seguiram ordenamentos curriculares que acompanhavam a lei maior da educação. Em 1998, as Diretrizes Curriculares Nacionais (DCNs) propuseram um currículo organizado, não por disciplinas, mas por áreas do conhecimento, voltado para a preparação para o trabalho mediante aquisição de competências e habilidades e domínio das tecnologias. A formação das competências e habilidades é priorizada em detrimento dos conteúdos científicos, entendidos como estanques e não contribuintes para a adaptação ao mundo do trabalho e ao avanço tecnológico.

> Lei de Diretrizes e Bases (LDB): A LDB 9.394/96 mencionava, no texto legal original, no artigo 36, parágrafo 1, inciso III, o "domínio dos conhecimentos de Filosofia e de Sociologia necessários ao exercício da cidadania" (BRASIL, 1996).

A elaboração dos Parâmetros Curriculares Nacionais (PCNs), em 1999, deu-se por um grupo de especialistas que contavam, inclusive, com ex-assessores do Banco Mundial e com excessiva centralização das decisões no governo federal e escasso envolvimento de outras instâncias político-institucionais e da comunidade científica com a educação básica (BONAMINO; MARTÍNEZ, 2002). Os PCNs receberam muitas críticas pela opção teórico-metodológica ligada à pedagogia das competências (DUARTE, 2010; LOPES 1999), que referendou um tipo de ensino contextualizado, em oposição à pedagogia tradicional e tecnicista, relacionado à valorização dos saberes prévios e cotidianos dos alunos, vinculados com o caráter produtivo do conhecimento escolar. Tais características revisitavam a teoria do capital humano de Theodore Schultz (FRIGOTTO, 2001).

A articulação de setores sindicais, sobretudo de sindicatos ligados à educação pública, de entidades estudantis e de setores acadêmicos, chegou ao Parlamento por meio do Projeto de Lei Originário da Câmara (PLC) 9/00, aprovado na Câmara dos Deputados em 2000 e no Senado em 2001. Posteriormente, foi vetado por Fernando Henrique Cardoso, então presidente da República, que apresentou os mesmos argumentos que, em 1949, Florestan Fernandes combateu no já citado Symposium sobre Ensino de Sociologia e Etnologia: falta de profissionais, ausência de recursos suficientes e material didático apropriado, asserção das competências e habilidades e afirmação da necessidade de um currículo regionalizado e contextualizado.

Em 2006, com base em parecer solicitado pelo Ministério da Educação (MEC) e elaborado por Amaury César Moraes, da Universidade de São Paulo (USP), como parte dos esforços pela revisão dos PCNs, foi aprovada a Resolução CNE 4/2006 que indicava a presença das disciplinas em escolas com organização curricular por disciplinas.

Nesse bojo, os Conhecimentos de Sociologia das Orientações Curriculares Nacionais (OCNs) foram elaborados por Moraes, da USP, por Elisabeth da F. Guimarães, da Universidade Federal de Uberlândia (UFU), e por Nelson Dácio Tomazi, da Universidade Estadual de Londrina (UEL), mediante versão preliminar discutida pela comunidade docente especializada (professores universitários e da rede básica) em seminário organizado pelo MEC em 2004.

Entre as décadas de 1980 e 2000, alguns estados promoveram o retorno da disciplina à matriz curricular, e o ensino de Sociologia voltou a ganhar espaço nos círculos acadêmicos, incluindo a criação do grupo de trabalho (GT) Ensino de Sociologia, na

Sociedade Brasileira de Sociologia (SBS), e a realização de encontros e seminários voltados ao tema.

Em 2008, depois de 66 anos, a Sociologia retornou ao Ensino Médio em âmbito nacional por meio da Lei 11.684/08, que alterou a LDB 9.394/96, trazendo uma nova perspectiva e incentivo para os estudos e a atuação de cientistas sociais na educação. Embora ainda haja um distanciamento do campo das ciências sociais em relação à educação, o interesse de estudantes pelo ensino tem crescido, tanto pela docência como pela pesquisa e, em boa medida, pela integração de ambos.

Este livro, portanto, faz parte deste momento de intensificação da relação entre as ciências sociais e a educação. No próximo capítulo, apresentamos nossa proposta didático-pedagógica para o ensino de ciências sociais no Ensino Médio brasileiro. Foi pensada com base na contribuição da pedagogia histórico-crítica, na qual nos apoiamos para estruturar os demais capítulos.

> **Encontros e seminários voltados ao tema:** Muitos encontros locais e regionais são realizados desde os anos 2000. Uma das importantes iniciativas da SBS foi a realização do I Encontro Nacional de Ensino de Sociologia na Educação Básica (Eneseb) em 2009, que já teve cinco edições.

> **Lei 11.684/08:** No artigo 36, inciso IV, do parágrafo 1º, a nova lei afirma que "serão incluídas a Filosofia e a Sociologia como disciplinas obrigatórias em todas as séries do ensino médio" (BRASIL, 2008).

REFERÊNCIAS

BERNSTEIN, B. **A estruturação do discurso pedagógico:** classe, códigos e controle. Petrópolis: Vozes, 1996.

BONAMINO, A. M. C.; MARTÍNEZ, S. A. Diretrizes e Parâmetros Curriculares Nacionais para o Ensino Fundamental: a participação das instâncias políticas do Estado. **Educação & Sociedade**, São Paulo, v. 23, n. 80, p. 368-385, set. 2002.

BRASIL. Lei n. 9.394, de 20 de dezembro de 1996. Estabelece as diretrizes e bases da educação nacional. **Diário Oficial da União**, Poder Executivo, Brasília, DF, 23 dez. 1996, p. 27833.

_____. Ministério da Educação. Instituto Nacional de Estudos e Pesquisas Educacionais Anísio Teixeira (INEP). Nota técnica n. 20/2014. **Indicador de adequação da formação do docente da educação básica**. Brasília, DF, 21 nov. 2014. Disponível em: <http://download.inep.gov.br/educacao_basica/enem/enem_por_escola/2014/nota_tecnica_indicador_adequa%C3%A7%C3%A3o_formacao_docente.pdf>. Acesso em: 28 dez. 2017.

_____. Ministério da Educação. Conselho Nacional de Educação (CNE). **Parâmetros curriculares nacionais para o Ensino Médio:** ciências humanas e suas tecnologias. Brasília, DF: MEC/CNE, 1999, parte IV.

_____. Lei n. 11.684. Altera o art. 36 da Lei n. 9.394, de 20 de dezembro de 1996, que estabelece as diretrizes e bases da educação nacional, para incluir a Filosofia e a Sociologia como disciplinas obrigatórias nos currículos do ensino médio. **Diário Oficial da União**, Poder Executivo, Brasília, DF, 2 jun. 2008. Disponível em: <http://www.planalto.gov.br/ccivil_03/_ato2007-2010/2008/lei/l11684.htm>. Acesso em: 28 dez. 2017.

_____. Ministério da Educação. Secretaria de Educação Básica (SEB). **Orientações curriculares nacionais para o Ensino Médio**: ciências humanas e suas tecnologias. Brasília, DF: MEC/SEB, 2006, vol. 3.

_____. Ministério da Educação. Conselho Nacional de Educação (CNE). Resolução n. 2, de 30 de janeiro 2012. **Define diretrizes curriculares nacionais para o Ensino Médio**. Brasília, DF. Disponível em: <http://portal.mec.gov.br/index.php?option=com_docman&task=doc_download&gid=9864&Itemid>. Acesso em: 28 dez. 2017.

CHEVALLARD, Y. La transposition didactique: du savoir savant au savoir enseigné. Paris: La Penseé Sauvage, 1991.

DUARTE, N. O debate contemporâneo das teorias pedagógicas. In: DUARTE, N.; MARTINS, L. M. (Org.). **Formação de professores:** limites contemporâneos e alternativas necessárias. São Paulo: Cultura Acadêmica, 2010. p. 33-49.

FRIGOTTO, G. **A produtividade da escola improdutiva**. 7. ed. São Paulo: Cortez, 2001.

GUELFI, W. P. O movimento da sociologia como disciplina escolar entre 1925 e 1942: as reformas do secundário e os programas de ensino do Colégio Pedro II. **Mediações – Revista de Ciências Sociais**, Londrina, v. 12, n. 1, p. 11-30, jan.-jun. 2007.

HANDFAS, A. A formação de professores de sociologia: reflexões sobre diferentes modelos formativos. In: HANDFAS, A.; RIBEIRO, A. M. M.; OLIVEIRA, L. F. de (Org.). **A sociologia vai à escola:** história, ensino e docência. Rio de Janeiro: Quartet FAPERJ, 2009. p. 187-196.

IANNI, O. O ensino das Ciências Sociais no 1º e 2º graus. **Cadernos Cedes**, Campinas, v. 31, n. 85, p. 327-339, set.-dez. 2011.

LOPES, A. R. C. **Conhecimento escolar:** ciência e cotidiano. Rio de Janeiro: Eduerj, 1999.

MEUCCI, S. **A institucionalização da sociologia no Brasil:** primeiros manuais e cursos. 1. ed. São Paulo: Hucitec, 2011.

2

Uma proposta de ensino de Sociologia baseada na pedagogia histórico-crítica[1]

Apesar de os documentos oficiais e os livros didáticos de Sociologia frequentemente se apresentarem como "ecléticos" do ponto de vista da abordagem teórico-metodológica, ao contemplar os diversos autores da disciplina, verifica-se que as propostas curriculares estão sempre orientadas por interpretações específicas acerca dos temas, das teorias e dos conceitos sociológicos. Assim, o procedimento metodológico fundado na noção de que um dos pressupostos da Sociologia, como ciência e como matéria escolar, seria sua "diversidade teórica" tende a ocultar as orientações presentes nas diferentes propostas. Ademais, contribui para difundir a noção de que é possível a neutralidade axiológica – e político-ideológica – da disciplina. Em outras palavras, mesmo quando se admite a impossibilidade de que a ciência e o currículo sejam neutros na escolha dos objetos e dos conteúdos, sustenta-se que isso é possível no tratamento teórico-metodológico dos procedimentos de pesquisa e de ensino.

Inicialmente, vale dizer que o ponto de partida para o trabalho em sala de aula com diversidade de abordagens sociológicas sobre determinado tema apresenta uma desvantagem prática por conta da necessidade de sustentação em um debate muito amplo de teorias e conceitos de autores. Tal complexidade torna o procedimento inadequado para a Sociologia no Ensino Médio. Nosso intuito com essa problematização não é enfraquecer os

---

1 Parte das reflexões presentes neste capítulo estão desenvolvidas em Souza (2013).

argumentos favoráveis à presença da Sociologia na educação básica, supondo a impossibilidade epistemológica de seu tratamento nessa etapa do ensino. Ao contrário, pretendemos contribuir para o debate sobre a transposição didática do conhecimento científico produzido no campo das ciências sociais para o conhecimento escolar trabalhado nas aulas de Sociologia, viabilizando práticas pedagógicas condizentes com a realidade das escolas e dos estudantes.

Não é novidade nas discussões pedagógicas que a abordagem presente nas propostas curriculares e nos livros didáticos seja devedora, implícita ou explicitamente, da orientação teórica e epistemológica encontrada em sua formulação. Essa orientação pode ser evidenciada não só na escolha dos conteúdos e na forma de abordá-los como também na metodologia, na didática e nas práticas de ensino propostas. Com base nesses pressupostos, sempre é possível identificar e problematizar, nos livros didáticos e nos documentos oficiais, as concepções de ensino e de aprendizagem, de inteligência e de conhecimento, de linguagem, de ser humano, de natureza e de sociedade. Por um lado, é importante ler as propostas curriculares desde sua matriz teórica e identificar as implicações pedagógicas e político-ideológicas de suas escolhas. Por outro, o conhecimento desse debate é de suma importância para que os professores (atuais e futuros) possam fundamentar suas opções didáticas. Esses argumentos estão baseados no pressuposto da indissociabilidade entre teoria e prática e entre ciência e política, o que se contrapõe à concepção liberal de educação, que supõe a neutralidade da ciência e do processo educativo.

No ensino de Sociologia, a implicação mais direta desse fundamento está na noção de "diversidade teórica", que pressupõe o tratamento equivalente às diferentes matrizes da disciplina e que supostamente não implicaria na tomada de posição em relação a autores e teorias. Um dos argumentos dessa concepção de processo de ensino está na ideia de que a explicitação da filiação teórica, pelas propostas curriculares, pelos livros e pelos professores, seria uma postura dogmática e panfletária, pois limitaria os alunos ao contato com apenas uma abordagem, impossibilitando seu acesso ao conhecimento de diversas "opções" que os conduziriam a uma "livre escolha". Em outras palavras, a presença declarada de objetivos teóricos (e políticos) nas aulas (como se sua ausência fosse possível) seria algo doutrinário, adestrador e "ideológico", ideologia aqui entendida, do ponto de vista positivista, como resultante do "descuido" metodológico com a necessária isenção de valores para o desenvolvimento do conhecimento científico.

Partimos do pressuposto de que é impossível a neutralidade teórica e política no processo educacional e pedagógico, tanto por parte dos professores como por parte das propostas curriculares oficiais e dos autores de livros didáticos. Ao contrário, observamos a necessidade de explicitar essa ausência de neutralidade, assumindo-a como parte do processo pedagógico. Como sustenta Paulo Freire:

> *Em nome do respeito que devo aos alunos não tenho porque me omitir, porque ocultar a minha opção política, assumindo uma neutralidade que não existe. Essa, a omissão do professor em nome do respeito ao aluno, talvez seja a melhor maneira de desrespeitá-lo. O meu papel, ao contrário, é o de quem testemunha o direito de comparar, de escolher, de romper, de decidir e estimular a assunção deste direito por parte dos educandos. (FREIRE, 1996, p. 71)*

Política: A noção de política neste texto não deve ser confundida com sua concepção mais frequente, porém restrita, que reduz a "política" ao campo de atuação político-partidária. Utilizamos a noção de política para explicitar que o conhecimento científico e escolar se sustenta e acarreta em consequências nas relações de forças políticas e ideológicas.

Voltando ao nosso argumento inicial, vale questionar se é objetivo da Sociologia no Ensino Médio tratar da diversidade teórica de seu campo com base em um debate eminentemente acadêmico (como se faz na universidade), correndo-se o risco de expor os autores a um inevitável reducionismo. Não cabe dúvida de que é necessário explicitar, como uma introdução, a existência dessa diversidade, procedimento fundamental para mostrar aos alunos que o processo de conhecimento é construído de forma histórica e social, sendo fruto de escolhas teóricas. Entretanto, somente se evita o tratamento reducionista se a posição adotada, por um autor de livro didático ou pelo professor em sala de aula, for aplicada em estado prático na abordagem das diferentes temáticas, como fazem os livros didáticos das disciplinas com maior tradição escolar.

Diversidade teórica: A nosso ver, duas das principais questões tratadas até aqui – a busca de neutralidade do conhecimento científico e o ecletismo acadêmico – estão intimamente relacionadas, na medida em que a necessidade de abordar a diversidade teórica da disciplina é uma forma de sustentar a não pretensão de tomada de partido de qualquer corrente específica. Isso significa que tratar de "todos" seria uma forma de demonstrar a não preferência por "nenhum".

Por exemplo, nos livros de História, não há o objetivo de entrar na discussão acadêmica sobre as diferentes noções de fato, sujeito e tempo histórico. Ao contrário, além de partir de diversas abordagens sobre os eventos históricos, também apresentam diversas formas de recorte do tempo histórico. Sendo assim, é possível encontrar livros baseados na abordagem cronológica "linear", em que a história geral e do Brasil são tratadas separadamente, na abordagem "integrada", em que passam a ser apresentadas de forma articulada, ou ainda na perspectiva "temática", em que diversos temas são abordados em uma perspectiva histórica comparada, sem a necessidade de seguir uma linearidade ascendente, permitindo maior flexibilidade cronológica. Em suma, para a disciplina de História, há materiais didáticos para todos os gostos e filiações teóricas, não havendo necessidade de que cada um deles apresente a "diversidade" de seu campo científico.

Defendemos o mesmo procedimento para a Sociologia. Isso significa dizer que o debate de cunho acadêmico, necessário na universidade e para a formação do professor, perde o sentido no Ensino Médio em virtude da natureza do processo pedagógico nessa etapa de aprendizagem, inclusive porque cada disciplina conta com poucas horas de estudo.

As Orientações Curriculares Nacionais (OCNs) de Sociologia propõem três dimensões necessárias para a construção das propostas curriculares: teorias, conceitos e temas. O documento sustenta que as teorias correspondem à dimensão explicativa ou compreensiva, os conceitos se relacionam com a dimensão linguística ou discursiva, e os temas tratam da dimensão empírica ou concreta. Assim, critica a ideia de trabalhar separadamente esses três eixos e defende que se deve "tomar um deles como 'centro' e os outros como referenciais" (BRASIL, 2006, p. 117), apresentando vantagens e desvantagens em cada ponto de partida. Os livros didáticos e as propostas curriculares geralmente assumem essa premissa e fundamentam a necessidade de articulação entre teorias, conceitos e temas. Porém, observamos que tal procedimento está na base de algumas das principais dificuldades do ensino de Sociologia, que frequentemente oscila entre a abordagem teórica, como história da sociologia ou das correntes de pensamento e, portanto, distante dos alunos, e a aula de conhecimentos gerais, que não dá tratamento teórico à sociologia; de um modo ou de outro, os autores e os conceitos da disciplina são sacrificados por conta de um incontornável reducionismo. Por isso, tomamos os temas como ponto de partida para chegar aos conceitos, com a mediação de um marco teórico e um referencial metodológico específico, a saber, a pedagogia histórico-crítica (PHC).

A PHC é uma teoria educacional e pedagógica desenvolvida pelo filósofo da educação brasileiro Dermeval Saviani no início dos anos 1980. Para essa teoria, não existe conhecimento desinteressado, e sim diferentes vínculos entre os saberes e as posições que os agentes tomam em relação às situações históricas concretas; desse modo, tanto a ciência quanto a atividade pedagógica não são neutras. O principal objetivo da PHC é vincular a prática pedagógica à prática social global, com base no percurso dialético prática-teoria-prática. Em outras palavras, na medida em que a educação se dá no interior da prática social, esta se torna um suporte do processo pedagógico. Ou seja, teoria e prática formam uma unidade indissociável e, portanto, devem estar

Dermeval Saviani: Para expor os fundamentos da PHC, baseamo-nos especialmente em Saviani (2008a, 2008b, 1999).

intencionalmente articuladas com base em finalidades teóricas e políticas delimitadas. Por isso, os temas passam a ser o disparador do processo de ensino-aprendizagem.

Nas discussões pedagógicas, é muito comum contrapor pedagogia tradicional e pedagogia ativa, ou seja, de um lado, o método centrado no professor e em sua exposição e, de outro, aquele que busca o centro nas experiências e na aprendizagem dos alunos. A PHC procura superar dialeticamente essa dicotomia por meio de uma mediação entre o conhecimento e a prática social, na qual os sujeitos e o objeto do conhecimento – ou seja, alunos e conteúdos – estão envolvidos. Ao superar essa dicotomia, Saviani propõe um procedimento pedagógico análogo ao método da economia política de Karl Marx, que passa por um duplo percurso dialético entre transmissão (professor-aluno-professor) e assimilação (aluno-professor-aluno). Assim, a PHC desdobra-se em cinco momentos, não lineares e interdependentes, como mostramos no quadro a seguir: prática social inicial, problematização, instrumentalização, catarse e prática social final.

Momento da PHC	Detalhamento
Prática social inicial	É o ponto de partida do processo de ensino-aprendizagem, em que o professor tem contato com os conhecimentos prévios dos alunos e com sua articulação com o real. Neste momento, o docente pode detectar a desigualdade real existente entre seu saber e o do aluno, bem como a igualdade possível no final do processo pedagógico. O docente deve apresentar para a turma as questões norteadoras da intervenção didática a ser desenvolvida.
Problematização	As questões postas pela prática social transformam-se em problemas desafiadores. É o momento em que professor e aluno se aproximam do conteúdo a ser trabalhado e buscam fazer uma primeira mediação do conhecimento, ainda que superficial e não sistemática.
Instrumentalização	Devem ser trabalhados os instrumentos teóricos e práticos para o equacionamento das questões levantadas pela prática social e problematizadas por alunos e professores. É o momento em que os conteúdos e os conceitos são trabalhados. Realiza-se a interação entre o sujeito do conhecimento (aluno) e o objeto do conhecimento (conteúdo) proporcionada pelo mediador do conhecimento (professor).

(continua)

(continuação)

Momento da PHC	Detalhamento
Catarse	O aluno deve mostrar como se apropriou do conteúdo. É o ponto culminante do processo, pois se chega à síntese das múltiplas determinações trabalhadas durante o processo de ensino-aprendizagem.
Prática social final	Aluno e professor podem reconstruir o conhecimento dos fatores condicionantes da realidade. É o momento em que ações e intenções de docentes e discentes podem ser colocadas como forma de demonstrar a disposição para a transformação do real com base em uma nova postura diante do saber científico.

Com base na PHC, buscamos resolver o dilema da referência em temas, conteúdos ou conceitos, priorizando o ponto de partida nos temas relevantes ou práticas cotidianas para, assim, problematizar a prática social global na qual os alunos estão inseridos. O objetivo do tratamento dos temas deve ser a aquisição de conceitos para que, no processo de catarse, possam estabelecer novas relações de mediação com a prática social global. A mediação entre os temas e os conceitos deve ser feita pela teoria, que corresponde à articulação abstrata necessária entre o conhecimento empírico e as situações concretas. Uma vez trabalhados em sala de aula, os temas devem ter como objetivo o desenvolvimento de conceitos, operados por meio de um marco teórico específico, o que permite aprofundá-los não só do ponto de vista de sua definição como também de sua aplicação baseada na relação entre o sistema teórico geral e a prática social global.

Se a Sociologia como ciência pressupõe uma diversidade de teorias, por que a ensinar, como matéria escolar, com base em um marco teórico específico? Para responder a essa questão, é necessário identificar alguns limites do "ecletismo didático":

1) o tratamento equânime dos autores e teorias se torna limitado pela reduzida carga horária da disciplina;

2) nos capítulos temáticos dos livros didáticos, certas correntes sempre são priorizadas em detrimento de outras;

3) a diversidade conceitual tende a confundir os alunos, já que as definições conceituais, geralmente em um nível de abstração epistemologicamente incompatível com o público-alvo,

---

Marco teórico específico: Ao longo dos capítulos que compõem este livro, explicitamos os marcos teóricos específicos utilizados para o tratamento de cada tema.

Reduzida carga horária da disciplina: Como se sabe, na maioria dos estados, a disciplina de Sociologia conta com duas horas-aula e, em alguns anos do Ensino Médio, com apenas uma hora-aula.

não levam em conta o enquadramento dos conceitos no sistema teórico dos autores;

4) o debate entre teorias, que é objeto de amplas discussões acadêmicas, tende a ser simplificado por meio de um esquematismo simplista.

A PHC busca problematizar a prática social, identificando os pressupostos político-ideológicos do conhecimento e partindo de temas para desenvolver conceitos pela mediação da teoria. O conceito de prática social permite ir além da noção de experiências, saberes prévios e cotidiano, que dilui o conhecimento escolar no conhecimento tácito, e do método baseado na exposição de conceitos e teorias distantes dos educandos, que limita o conhecimento escolar ao conhecimento científico-acadêmico.

Nossa proposta não nega a importância das experiências individuais nem da utilização de textos jornalísticos, como estratos do cotidiano, para o debate nas aulas de Sociologia, mas busca ressaltar o papel necessário da mediação do professor para problematizar essas fontes com base no conhecimento sociológico. Dessa maneira, os relatos individuais não devem ser tomados para sustentar o relativismo ilimitado do conhecimento, assim como as aulas expositivas não devem ser realizadas em função do tratamento estático dos conceitos, de modo que se tornem universais a tal ponto que jamais possam ser ressignificados pelas experiências particulares. Por isso, o conhecimento empírico deve receber um tratamento teórico baseado na análise da prática social para que se torne conhecimento concreto.

A PHC pode cumprir um papel fundamental na superação de algumas dificuldades para o ensino de Sociologia, tendo em vista que seus passos pedagógicos e finalidades buscam conciliar a relação entre o sujeito do conhecimento (o aluno) e o objeto do conhecimento (os conteúdos), apoiada na intervenção do mediador do conhecimento (o professor). Ao estabelecer a prática social global como a mediação necessária em sala de aula, no ponto de chegada e de partida da construção do conhecimento, a PHC permite desenvolver uma alternativa aos principais dilemas e dificuldades identificados nas atuais propostas para o ensino de Sociologia, a saber, a pretensa neutralidade axiológica que busca uma diversidade teórica que termina por simplificar autores e teorias, o dilema na articulação entre temas, teorias e conceitos, e a tensão entre verbalismo e ativismo. Esse norte teórico permite superar a dicotomia entre conteúdos vazios de caráter enciclopédico e abordagem de senso comum baseada nas experiências individuais dos educandos, deslocando o eixo do processo pedagógico, ora centrado no aluno, ora no professor, para o papel docente de mediação entre o conhecimento elaborado cientificamente e os conteúdos significativos para os estudantes.

2.1 PROPOSTA DIDÁTICO-PEDAGÓGICA DIANTE DOS DESAFIOS ATUAIS DO ENSINO DE SOCIOLOGIA

Uma parcela considerável dos docentes que atuam nessa disciplina não é formada em Ciências Sociais: Segundo dados do Instituto Nacional de Estudos e Pesquisas Educacionais Anísio Teixeira (Inep), o percentual de professores habilitados que lecionam a disciplina Sociologia é de apenas 22,6%, considerando os licenciados em Ciências Sociais ou Antropologia ou os bacharéis em Ciências Sociais com complementação pedagógica. O número mais expressivo de docentes dessa disciplina é daqueles que têm licenciatura em área diferente da que leciona ou é bacharel em disciplinas da base curricular comum, somando 55% (INEP, 2014, p. 8).

Como vimos, o ensino de Sociologia ainda é um campo em formação no que diz respeito à pesquisa e à própria ação didática dos professores. Sabemos que, atualmente, uma parcela considerável dos docentes que atuam nessa disciplina não é formada em Ciências Sociais, o que faz com que haja uma procura por materiais que discutam e orientem a ação pedagógica. No entanto, há poucos livros voltados para o professor, restando como suporte para o planejamento das aulas as próprias obras dos cientistas sociais, além dos livros didáticos voltados para o público jovem do Ensino Médio. Para os licenciados em Ciências Sociais, permanecem as dificuldades de criar a "ponte" entre o conhecimento científico e sua forma escolar por meio de uma opção didático-pedagógica; aos professores de outras áreas do conhecimento, soma-se a fragilidade teórica de uma formação que, com sorte, tangenciou os debates clássicos e contemporâneos da antropologia, da ciência política e da sociologia.

Buscamos, com este livro, contribuir com uma proposta de ensino de Sociologia no âmbito escolar baseada na pedagogia histórico-crítica, vista como um projeto educativo que se pauta pela transformação social e, como tal, não dissocia o ambiente escolar do social, ao contrário, procura integrá-los (SAVIANI, 1999). A valorização da educação escolar está pautada no papel da escola em socializar o conhecimento construído social e historicamente, possibilitando a superação do senso comum e a compreensão da totalidade, bem como se apropriar dos conhecimentos como instrumentos de ação na vida social.

Mas quais são os conteúdos a serem ensinados? Aqueles que são primordiais socialmente e relevantes para o desenvolvimento dos estudantes. Não quaisquer estudantes, não estudantes no geral, mas alunos e alunas concretos que, com auxílio do professor como agente do conhecimento, são conduzidos à problematização de sua realidade cotidiana, suas inquietações, suas dúvidas.

Aos professores, sempre se impõe a necessidade de transformar o conhecimento científico produzido nas esferas da ciência especializada em saber escolar, conhecimento sistematizado, por meio de processos e métodos capazes de levar jovens estudantes a incorporar a cultura, ou seja, apropriar-se do que o homem constrói e poder fazer, eles mesmos, parte dessa construção de forma interessada e intencional. Sabemos que esse percurso não é fácil. São muitas as dificuldades impostas aos professores pelas condições das redes educacionais. No entanto, a clareza na adoção de uma postura metodológica é fundamental para orientar o trabalho docente.

É nesse sentido que este livro pretende contribuir com a busca por uma solução dessas dificuldades. Cada capítulo tem início com uma apresentação do tema tratado, procurando situar o leitor no referencial teórico adotado para a abordagem da temática. Em seguida, apresenta-se uma proposta de intervenção didática que enfatiza a instrumentalização, ou seja, desenvolve o domínio dos instrumentos de elaboração e sistematização do saber, a ponto de poder utilizá-lo na compreensão e na ação sobre a realidade social (SAVIANI, 2008b, p. 81).

Optamos por dar ênfase a um dos passos da PHC, a instrumentalização, por tratar-se de um momento menos limitado aos elementos da realidade local. Considerando, como salienta Ana Carolina Galvão Marsiglia, que os passos da PHC são momentos interdependentes (2012, p. 103), a instrumentalização como momento de apreensão do conceito está relacionada aos demais momentos da intervenção didática, no entanto, constitui-se no passo que trata diretamente do saber universal ou, como afirma Saviani, da apropriação "dos instrumentos teóricos e práticos necessários ao equacionamento dos problemas detectados na prática social" (1999, p. 81). Acreditamos que, dessa forma, contribuímos com algumas alternativas de aplicação da PHC no ensino de Sociologia, ao mesmo tempo que deixamos abertas as possibilidades de intervenção didática desde o ponto de partida (prática social inicial) até o ponto de chegada (prática social final).

Não pretendemos dizer a professores e professoras como lecionar. Este livro não é um manual nem um livro didático; ao contrário, com base em uma teoria de aprendizagem, a PHC, tentamos construir algumas propostas para a abordagem de conteúdos de ciências sociais no Ensino Médio. Esperamos apresentar mais uma reflexão, entre tantas, que os docentes da educação básica realizam em seu trabalho.

REFERÊNCIAS

BRASIL. Ministério da Educação. Instituto Nacional de Estudos e Pesquisas Educacionais Anísio Teixeira. **NOTA TÉCNICA Nº 020/2014**. Indicador de adequação da formação do docente da educação básica. Disponível em: http://download.inep.gov.br/educacao_basica/prova_brasil_saeb/resultados/2013/nota_tecnica_indicador_de_adequacao_da_formacao_do_docente_da_educacao_basica.pdf. Acesso em: 11 mar. 2019.

BRASIL. **Orientações Curriculares para o Ensino Médio**: ciências humanas e suas tecnologias. Brasília: Ministério da Educação, Secretaria de Educação Básica, 2006.

FREIRE, P. **Pedagogia da autonomia**. São Paulo: Paz e Terra, 1996.

MARSIGLIA, A. C. G. A prática pedagógica na perspectiva da pedagogia histórico-crítica. In: _____. (Org.). **Pedagogia histórico-crítica:** 30 anos. Campinas: Autores Associados, 2012.

SAVIANI, D. **Escola e democracia**. 32. ed. Campinas: Autores Associados, 1999.

_____. **A pedagogia no Brasil:** história e teoria. Campinas: Autores Associados, 2008a.

_____. **Pedagogia histórico-crítica:** primeiras aproximações. 10. ed. rev. e ampl. Campinas: Autores Associados, 2008b.

SOUZA, D. C. C. O ensino de sociologia e a pedagogia histórico-crítica: uma análise dos fundamentos teórico-metodológicos das propostas atuais. **Revista HISTEDBR On-line**, Campinas, v. 13, n. 51, p. 122-138, jun. 2013.

3

A Sociologia como ciência

Uma das dificuldades do ensino de ciências sociais no Ensino Médio é tratar de questões tão viscerais para nossos estudantes. Lidamos com temas como desigualdade, racismo, feminismo, posições políticas diversas, entre outros. Muitas vezes, os estudantes encaram tais assuntos como "pontos de vista" ou opiniões, que por serem tão divergentes, ao final de um acalorado debate, cada um permanece em seu lado, pois, afinal, cada cabeça uma sentença...

Como tratar em sala de aula de questões que são, em sua maioria, experimentadas cotidianamente pelos estudantes com os quais vamos trabalhar? É possível uma abordagem científica, portanto, objetiva, do tratamento da realidade social? A objetividade nas ciências sociais significa neutralidade político-ideológica? Professores e estudantes podem afastar por completo os julgamentos de valor? Se isso não for possível, pode-se dizer que a tomada de posição contamina a abordagem científica da matéria?

Em primeiro lugar, essa problemática nos coloca diante de uma questão clássica da disciplina Sociologia: a dicotomia entre senso comum e ciência, em nosso caso, entre senso comum e ciência social. Em segundo, há outra questão: como discutir em sala de aula sociologia, ciência política ou antropologia sem desconsiderar o que pensam os estudantes sobre os objetos das ciências sociais, que despertam ódios e paixões, muitas vezes construídos com base em posições conflitantes diante da realidade social? Vamos tratar dessa questão, considerando três aspectos: a dicotomia entre senso comum e ciência, a cientificidade das ciências sociais e o surgimento da sociologia.

O primeiro aspecto diz respeito ao distanciamento entre uma visão científica da realidade a ser apresentada em sala de aula pelo docente e uma visão autorreferenciada dos estudantes baseada em sua vivência cotidiana, ou seja, a contraposição entre ciência e senso comum. A visão corriqueira – porque não dizer, presente no próprio senso comum – sobre o senso comum é que não se constitui como conhecimento, sendo apenas impressão, superstição, engano, disseminado pela experiência cotidiana. Nesse sentido, contrapõe-se ao conhecimento adquirido nas instituições, sobretudo educacionais ou científicas, considerado verdadeiro por ser resultado da aplicação de métodos e provas ou válido por ser consagrado como cultura erudita – como as artes e a literatura.

Essa dicotomia entre ciência e senso comum influencia muito o currículo das ciências sociais no Ensino Médio. Para aproximá-las dos estudantes, muitos professores optam pelo currículo temático, cuja ênfase é o debate de assuntos de interesse dos estudantes (violência, uso de drogas, adolescência, sexualidade, redes sociais etc.). Outro conjunto de professores prioriza um currículo mais acadêmico, cujo centro é a compreensão de conceitos e teorias, em um formato muito próximo dos cursos de graduação (SANTOS, 2014). No capítulo anterior, destacamos que nem um nem outro oferecem aos estudantes instrumentos adequados para apropriação e aplicação de conceitos úteis para compreensão e ação social consciente. Por isso, propomos que o senso comum deva ser problematizado com a mediação de ferramentas teórico-conceituais, a fim de explicitar as contradições presentes nas práticas sociais.

Um dos obstáculos a esse tipo de postura pedagógica é uma visão muito difundida de que a ciência é neutra, tanto em seus objetos como em seus métodos e conclusões. A opção pelo currículo conteudista melhoraria as chances de sucesso em exames vestibulares ou até mesmo levaria os estudantes a realizar uma "análise social" objetiva e universal, uma vez que estão munidos de teorias e conceitos sociológicos puros do ponto de vista de julgamentos de valor e posições político-ideológicas. No oposto dessa crença, está a visão de que todo senso comum é só juízo de valor, julgamento moral, prescrição comportamental. Por isso, em grande medida, a opção pelo currículo temático serviria para debater temas emergentes entre os estudantes como forma de fazê-los pensar em maneiras (responsáveis) de agir socialmente, contribuindo com a "construção da cidadania".

Pensamos ser outra a relação entre senso comum e ciência, não de oposição e dicotomia, mas sim de diálogo. Antonio Gramsci (1999) preocupou-se em desvendar a influência dos elementos do senso comum na constituição de uma visão de mundo que orientasse a ação ético-política dos sujeitos. Assim, dedicou parte importante de seus estudos a essa relação entre senso comum e política. Considerava o senso comum uma concepção de vida e moral desagregada, difusa e incoerente, ao mesmo tempo entendia que ele orienta o modo de ser e agir das pessoas individual e coletivamente, isso porque, com as ideias que o organizam, está a experiência cotidiana de homens e mulheres.

O senso comum forma-se com base em verdades filosóficas e científicas anteriores, que, ao longo do tempo e com influência das relações sociais, são modificadas e transformam-se em noções misturadas aos dogmas religiosos e à moral de determinada sociedade. Desse modo, o senso comum é multiforme, constitui a base de ideias que dominam as relações em uma sociedade durante determinado tempo e, por isso, é contraditório e altera-se pelas relações de poder que se expressam em várias esferas.

Como visão de mundo dominante em determinada sociedade, o senso comum é histórico, ou seja, modifica-se ao longo do tempo e assume traços e elementos que se sobrepõem a outros na luta social pela explicação do mundo e das coisas. Por isso, não tem nada de neutro, pois como concepção de mundo formada por vários elementos (religião, ciência, filosofias etc.) se interessa e contribui para o consenso social que mantém as relações sociais de exploração e dominação.

Tomemos como exemplo a concepção de Émile Durkheim de que a sociedade é como um organismo vivo, ou seja, um todo integrado em que cada parte desempenha uma função necessária ao equilíbrio do todo. No início do século XX, quando o funcionalismo se disseminou na sociologia, ainda muito recente como ciência, essa noção de função social dos grupos era nova. Hoje, a ideia de que cada grupo social deve realizar um tipo específico de função e que, se cada um cumprir sua parte, a sociedade progride, não tem nada de novo. Mais ainda, é parte do senso comum que mostra a sociedade como harmônica e visa impedir que os conflitos venham à tona. Uma nova construção científica da sociologia atualmente está integrada ao senso comum não como inovação, mas como conservação.

Como é possível observar, não há dicotomia entre ciência e senso comum, mas movimento dialético de influência de um sobre o outro na história da produção das ideias em certa sociedade. Ainda que se influenciem, não são a mesma coisa? Essa questão nos leva a discutir um segundo aspecto da abordagem da ciência social em sala de aula: a cientificidade das ciências sociais. O fato de serem ou não ciência é uma questão que tem absorvido parte considerável dos debates desde o final do século XIX, quando Auguste Comte sustentou a Sociologia como ciência específica, relacionando-a ao método das ciências naturais.

Desde essa época, muito tem sido discutido a respeito e há, nas ciências sociais, posições muito divergentes das quais não nos ocuparemos aqui. Em uma abordagem inicial, consideramos que um debate acerca das discordâncias no campo das ciências sociais para estudantes do Ensino Médio é demasiado amplo e podemos incorrer no erro da superficialidade. Optamos, então, pela ênfase nas dificuldades que os estudantes encontram em reconhecer a ciência social como ciência, uma vez que a visão hegemônica de ciência é a das ciências naturais. A ciência, *grosso modo*, é identificada com o uso de métodos sistemáticos para investigação empírica para produção e análise de dados, segundo conhecimento teórico que possibilite, com o uso de argumentos lógicos, conclusões verdadeiras que possam ser comprovadas, se replicados os mesmos procedimentos nas mesmas condições. Não haveria, segundo essa visão, ciência sem experimento – nesse caso, sem laboratório, sem microscópio etc.

É preciso frisar que não há um método científico único que sirva aos propósitos de desvendar questões da natureza nem as transferir para conhecer a realidade social. Da mesma maneira, se a realidade, seja natural, seja social, se apresentasse aos nossos olhos como realmente é, não haveria ciência. Aquilo que está encoberto, escondido, é o que move o conhecimento científico. Sobre as diferenças entre as ciências naturais e sociais, destacamos aquelas que consideramos fundamentais.

Os fenômenos sociais e culturais são históricos, produzidos pela ação humana ao longo do tempo e sob determinadas condições. Por isso, o que os seres humanos investigam foi por eles mesmos construído. Disso deriva outra diferença: o pesquisador está direta ou indiretamente envolvido com o objeto a ser investigado, pois é parte da realidade social que pretende compreender. Não é possível o "distanciamento" do investigador em relação ao objeto investigado, pois o mundo a ser compreendido é o seu mundo, construído e transformado por suas ações e com o qual vai estar sempre envolvido. Ainda que pensemos em uma situação

Capítulo 3 A Sociologia como ciência **39**

de inserção do antropólogo em uma cultura desconhecida por ele, ele vai olhá-la segundo suas referências culturais, morais, religiosas. E isso porque não é possível deixar de ser humano para estudar a humanidade.

A sociedade, como sabemos, não é um conjunto único, homogêneo. Ao contrário, é formada por diferentes classes e grupos sociais que têm interesses, desejos, interpretações de mundo que, em grande medida, estão em contraposição, em disputa, o que exerce grande influência sobre o que se tornará problema de pesquisa ou não. E mais: o conhecimento que temos de nossa realidade contribui para nossas ações sobre os confrontos e seus resultados, sendo um importante instrumento na luta de classes. Como afirma Michael Löwy:

> é o conjunto do processo de conhecimento científico-social desde formulação das hipóteses até a conclusão teórica, passando pela observação, seleção e estudo dos fatos, o que é atravessado, impregnado, "colorido" por valores, opções ideológicas (e utópicas) e visões sociais de mundo. (1994, p. 203)

O que um grupo, ainda que pequeno numericamente, coloca como questões para estudo é resultado de um processo histórico. Isso significa que aquilo que toda uma sociedade constrói pode ser olhado como elemento para indagação.

E, então, chegamos ao terceiro ponto de nossa abordagem: o surgimento da sociologia. Esse termo que foi cunhado no meio acadêmico e está presente também nos livros didáticos não é o mais adequado, porque nos dá a falsa ideia de que a Sociologia teria aparecido com os escritos de Durkheim. Ainda que utilizemos o termo, seria mais adequado pensarmos em uma construção sócio-histórica de longa data, que teve início com a industrialização e urbanização das sociedades capitalistas europeias no século XVIII.

As filosofias racionalistas e empiristas dos séculos XVIII e XIX, bem como o cientificismo das ciências naturais, influenciaram as ciências sociais ainda incipientes, que ganharam importância diante das rápidas transformações naquelas sociedades. O rápido desenvolvimento do capitalismo na Europa e sua expansão para o mundo com o colonialismo e o imperialismo também gestaram o redesenho da própria Europa, bem como alterações sociais que geraram surpresa e instabilidade nas pessoas.

Longas distâncias se encurtaram com o transporte a vapor, lugarejos passaram a comportar multidões, desigualdades foram intensificadas com o crescimento da classe operária, agora reunida nas cidades, lutas por direitos fizeram tremer a antiga sociedade e palavras como igualdade, liberdade, revolução, povo e utopias passaram a ser debatidas à luz do dia, mas não sem repressão. Uma formação e dinâmica social totalmente nova passou a exigir explicação. As pessoas precisavam entender que novo mundo era esse e para onde ele as levaria. Seria um mundo melhor? Para quem? Como agir nesse mundo em rápidas mudanças?

Em diálogo com as ciências físicas e naturais e com as diferentes correntes filosóficas, as ciências sociais, como chamamos hoje, intensificaram a tradição iluminista de exaltar a razão em detrimento da fé e da superstição, evocando a ciência como elemento para o progresso e desenvolvimento das sociedades, libertando-as das limitações impostas pelas necessidades. A Sociologia é a ciência social que primeiro se colocou a tarefa de explicar relações, processos, estruturas que constituíram a sociabilidade moderna ocidental e, desde então, diversos princípios explicativos, métodos e categorias vêm sendo alvo de polêmica nessa jovem ciência.

As polêmicas acompanham o desenvolvimento das ciências sociais e mostram sua força e necessidade nas sociedades atuais. Explicar as relações entre grupos, camadas e classes com visões e interesses diversos e até mesmo contraditórios é sempre uma tarefa que gera conflitos, pois os objetos de estudo das ciências sociais são, ao mesmo tempo, objetos de lutas.

As controvérsias nas ciências sociais são uma fonte abundante de material para o debate com nossos estudantes. Retomando Gramsci (1999), se a educação pode ser um meio para a manutenção das relações sociais atuais ao forjar um consenso inexistente que sustenta a dominação, também pode ser instrumento para partir a hegemonia, construindo subjetiva e objetivamente as condições para sua superação.

3.1 INTERVENÇÃO DIDÁTICA: ESTUDAR OU TRABALHAR OU ESTUDAR E TRABALHAR?

Em sala de aula, uma das formas mais adequadas de problematizar a noção de sociologia como ciência é proporcionar pequenos ensaios de pesquisa científica. Após um levantamento inicial dos conhecimentos de senso comum dos alunos em relação a determinado tema, o professor deve estimular a formulação de hipóteses e solicitar uma ida ao campo, para que os alunos possam observar certas regularidades nas atitudes dos indivíduos.

Assim, vão ser capazes de problematizar se as atitudes observadas podem ser explicadas de acordo com seu pertencimento a certas classes, frações e grupos sociais.

3.1.1 Descrição da atividade e dos objetivos

Para desenvolver a relação entre senso comum e ciência, propomos a realização de uma enquete sobre as expectativas dos jovens do Ensino Médio sobre estudo e trabalho. De acordo com o senso comum, a continuidade dos estudos, a aprovação em um exame vestibular e o ingresso nas melhores universidades seria uma questão de mérito, talento ou esforço pessoal. O intuito desta atividade é problematizar essa noção, oferecendo aos estudantes a possibilidade de observarem dados que proporcionem uma leitura sobre os percalços da trajetória social dos indivíduos.

3.1.2 Desenvolvimento da atividade

Esta atividade pode ser desenvolvida de acordo com os seguintes passos:

1º passo: levantamento de hipóteses

A atividade pode ser iniciada com a realização de um debate com os alunos norteado por questões como: por que alguns indivíduos conseguem avançar nos estudos, ingressar nas melhores universidades e formar-se em carreiras de maior prestígio e outros não?

2º passo: problematização

Após a sistematização das principais respostas, deve-se problematizar as noções de mérito, talento e esforço pessoal, contrabalançando com explicações estruturais da trajetória social dos indivíduos, como renda, profissão e escolaridade dos pais, experiência no trabalho, etnia, gênero etc.

3º passo: elaboração de questionário

Depois de alunos e professor escolherem alguns desses elementos, formula-se um questionário que contemple essas questões. É uma boa ocasião para discutir com a turma quais são os elementos fundamentais de uma pesquisa (universo, problema, metodologia, hipótese etc.), bem como as questões éticas da aplicação de um questionário. Caso se avalie que a construção de

Um modelo: Questionário adaptado a partir de pesquisa de Souza e Vazquez (2015).

questões seja uma etapa de difícil organização, o professor pode fornecer um modelo, como o exposto a seguir.

1. Seu gênero:

    ( ) Feminino.

    ( ) Masculino.

2. Sua cor ou etnia, segundo classificação do Censo 2010, do Instituto Brasileiro de Geografia e Estatística (IBGE):

    ( ) Amarela.

    ( ) Indígena.

    ( ) Preta.

    ( ) Branca.

    ( ) Parda.

3. Você trabalha ou já trabalhou?

    ( ) Sim.

    ( ) Não.

4. Logo após a conclusão do Ensino Médio, você pretende começar a trabalhar ou continuar trabalhando?

    ( ) Sim.

    ( ) Não.

5. Após a conclusão do Ensino Médio, você pretende fazer uma faculdade?

    ( ) Sim.

    ( ) Não.

6. Apenas se a resposta à questão anterior foi "sim", informe em que tipo de universidade você gostaria de estudar?

    ( ) Somente pública.

    ( ) Somente privada.

    ( ) Pública, mas não descarto a privada.

    ( ) Privada, mas não descarto a pública.

4º passo: aplicação da enquete

Nas regiões em que residem, os alunos devem entrevistar, seguindo o questionário, pelo menos cinco jovens do Ensino Médio.

Caso esse universo não seja viável, a pesquisa pode ser feita com os colegas de outras turmas. Sugere-se a entrevista de pelo menos cem jovens. Na impossibilidade de viabilização da proposta, o professor pode trazer os resultados de pesquisas já realizadas sobre esse assunto.

> Resultados de pesquisas já realizadas sobre esse assunto: Ver, por exemplo, Souza e Vazquez (2015).

5º passo: tabulação e discussão de resultados

A pesquisa sociológica ajuda a ampliar o horizonte da análise da realidade social, superando as noções corriqueiras de senso comum e colocando-as em um novo patamar. Após a tabulação dos dados, que pode ser feita em programas como o Microsoft Excel, a ideia é testar os diversos cruzamentos para problematizar algumas questões. Por exemplo:

- Quem tem mais experiência de trabalho remunerado entre os estudantes do Ensino Médio: os homens ou as mulheres?

- Quem tem maior expectativa de continuar os estudos: brancos ou negros?

- A pretensão de ingressar no mercado de trabalho diminui ou aumenta a expectativa de cursar uma universidade?

- Como se estabelece, entre os jovens do Ensino Médio, o dilema entre *optar* ou *conciliar* trabalho e estudo?

Essas e muitas outras questões podem ser exploradas em sala de aula em atividades como esta.

REFERÊNCIAS

DURKHEIM, É. **Da divisão do trabalho social**. 2ª ed. São Paulo: Martins Fontes, 2004.

GOLDMANN, L. **Ciências humanas e filosofia:** que é a sociologia? Rio de Janeiro: Editora Difel, 1978.

GRAMSCI, A. **Cadernos do cárcere:** introdução ao estudo da filosofia de Benedetto Croce. Rio de Janeiro: Civilização Brasileira, 1999.

LÖWY, M. **As aventuras de Karl Marx contra o Barão de Münchhausen:** marxismo e positivismo na sociologia do conhecimento. São Paulo: Editora Cortez, 1994.

IANNI, O. **A sociologia e o mundo moderno**. Rio de Janeiro: Civilização Brasileira, 2011.

SANTOS, M. B. dos. O PIBID na área de ciências sociais: condições epistemológicas e perspectivas sociológicas. As perspectivas pública e cosmopolita. **Revista Brasileira de Sociologia**, v. 2, n. 3, p. 55-79, jan.-jun. 2014. Disponível em: <http://www.sbsociologia.com.br/revista/index.php/RBS/article/view/61>. Acesso em: 28 dez. 2017.

SOUZA, D. C. C.; VAZQUEZ, D. A. Expectativas de jovens do Ensino Médio público em relação ao estudo e ao trabalho. **Educação e Pesquisa**, São Paulo, v. 41, n. 2, p. 409-426, abr.-jun. 2015.

4

Capitalismo e classes sociais

No Capítulo 2, destacamos que, no Ensino Médio, a disciplina Sociologia deve ter como pontos de partida e de chegada a prática social atual. Nesse sentido, entendemos que se faz necessário conhecer a sociedade contemporânea com base em suas estruturas mais gerais, o que nos leva a tentar compreender, inicialmente, o modo como produzimos nossa existência.

Considerando que vivemos em uma sociedade capitalista, podemos começar pelas especificidades desse modo de produção. Como trabalhar com uma definição de capitalismo que permita aos alunos do Ensino Médio compreender globalmente esse regime social? Quais os conceitos-chave que permitem essa aproximação? Como buscar entendimento de modo que também sejam contempladas as determinações específicas da formação social brasileira? Para responder a essas questões, escolhemos apresentar, neste capítulo, três blocos de discussões. No primeiro, damos destaque para o próprio conceito de capitalismo e suas potencialidades para a análise crítica das relações sociais no mundo contemporâneo. Em seguida, discutimos a noção de classes sociais, entendendo que ela é fundamental para o reconhecimento dos conflitos e dos antagonismos da sociedade capitalista. Por fim, apresentamos o conceito de formação social, a fim de aprofundar a análise histórica do capitalismo, tendo em vista suas especificidades no Brasil.

4.1 CAPITALISMO

É comum nos depararmos com a seguinte afirmação: "O capitalismo é um modo de produção historicamente datado, que encontra seus primórdios no mercantilismo europeu, entre os séculos XV e XVII, mas que se torna predominante a partir do final do século XVIII e início do XIX, com o advento da grande indústria". Esta explicação é um excelente ponto de partida para introduzir uma discussão sobre o capitalismo com os alunos do Ensino Médio. Ao trabalhar com determinados conceitos – como o de capitalismo –, é fundamental que os professores de Sociologia situem os fenômenos sociais historicamente. Porém, a disciplina não deve ser confundida com a de História, e é muito comum que as aulas de Sociologia se detenham em uma abordagem demasiadamente histórica. A partir dessa introdução, podemos explicar como se deu a passagem do feudalismo para o capitalismo, a evolução técnica da indústria com base nas revoluções industriais, as origens do fordismo e taylorismo etc. Tratam-se de questões cruciais para entender a história concreta do capitalismo. Porém, esses elementos devem ser levados para a sala de aula sem o prejuízo do que caracteriza a abordagem sociológica: a explicitação das estruturas sociais que detalham as regularidades históricas ao longo do tempo e do espaço. Assim, surge a pergunta: o que caracteriza estruturalmente nossa história há mais de duzentos anos, de modo que se considere que em todo o globo se vive de acordo com o capitalismo?

É preciso, inicialmente, definir o capitalismo como um regime social, ou seja, como um modo específico de produzir e reproduzir a vida, diferenciado de maneira substancial de outros regimes sociais vigentes em outras épocas. Para deixar clara essa questão com os alunos do Ensino Médio, sugerimos elaborar um quadro comparativo com outras formas de organização da sociedade com as quais já tiveram contato ao longo de sua trajetória escolar: o escravismo e o feudalismo. Propomos começar pela diferenciação do sistema de propriedades e do uso da força de trabalho, observando a classe trabalhadora nos regimes feudal, escravocrata e capitalista. Assim, podemos estabelecer algumas diferenças. No escravismo, os trabalhadores são propriedades dos senhores, podendo, inclusive, ser comercializados da mesma forma que o gado, a terra, os instrumentos de trabalho; toda a riqueza produzida no regime escravocrata é apropriada pelos seus proprietários, e os escravos recebem apenas os meios de subsistência mais elementares, como moradia, vestuário e alimentação. No feudalismo, os trabalhadores não são propriedades dos senhores feudais, pertencem ao senhor no sentido de que estabelecem com ele uma relação de servidão, que os mantêm ligados à propriedade, mas que não os tornam uma mercadoria, já que não podem ser vendidos. Além disso, embora não sejam proprietários de nenhuma terra, os servos têm a posse da parcela necessária para reproduzir sua existência; a riqueza que produzem nesse domínio serve para o próprio consumo, devendo, ademais, produzir nas terras senhoriais e pagar impostos aos senhores.

No capitalismo a relação é completamente diferente. Os trabalhadores não são uma mercadoria como no escravismo nem estabelecem com os capitalistas uma relação de servidão que os prendem à propriedade de seu patrão. Os proletários no capitalismo, nesse sentido, são livres da propriedade senhorial ou do laço servil; devem, portanto, levar ao mercado o que têm para trocar pelos meios de subsistência. Como não são proprietários dos meios de produção, não têm como adquiri-los por conta própria; como não se apropriam nem de parte do produto de seu trabalho, não podem vendê-lo no mercado para comprar o que lhes interessa; não estando presos à propriedade de um senhor como mercadoria que deve ser conservada nem tendo garantida sua subsistência por meio de uma terra arrendada, sua única alternativa é vender a mercadoria que possuem, isto é, sua força de trabalho, trocando-a por dinheiro, ou seja, por um salário. O trabalho assalariado, então, é uma das principais características da sociedade capitalista.

É necessário explicitar essa particularidade do capitalismo em sala de aula, com exemplos cotidianos, inclusive dos próprios alunos, muitos deles já inseridos no mercado de trabalho.

Valem algumas palavras sobre o conceito de salário, muitas vezes definido pelo senso comum como "pagamento pelo trabalho". Entretanto, olhando mais de perto o funcionamento do modo de produção capitalista, não é exatamente dessa forma. Observamos que os trabalhadores no capitalismo produzem a riqueza que é apropriada pelos capitalistas, que, por sua vez, pagam uma recompensa aos trabalhadores na forma de salário. Se o salário fosse o "pagamento pelo trabalho", seu valor deveria corresponder a toda a riqueza gerada. Mas como os capitalistas lucrariam? Sabendo que toda a riqueza é produzida pelo trabalho, podemos dizer que o lucro também vem do trabalho. Nesse sentido, é possível afirmar que o capitalista paga apenas uma parcela do tempo de trabalho, e o salário pode ser definido como um "pagamento pelo uso da força de trabalho". Durante sua jornada, os trabalhadores pagam não só seu salário como também o lucro dos capitalistas. Trata-se, portanto, de uma relação de exploração.

A diferença entre o tempo de trabalho total e o tempo de trabalho necessário para os trabalhadores pagarem seu salário chama-se mais-valia, que é a fonte do lucro e da acumulação capitalista. Por isso, o capital não pode ser considerado uma simples soma de dinheiro. Mais do que isso, é dinheiro que tem a capacidade de transformar-se em mais dinheiro, pois, por meio da propriedade de meios de produção, os capitalistas podem extorquir mais-valia dos trabalhadores, recompensando-os com apenas uma parte da riqueza gerada. Dessa forma, o capitalismo pode ser definido como um regime social baseado em uma relação mercantil de exploração do trabalho assalariado, com base no qual os proprietários dos meios de produção acumulam capital por meio da extorsão de mais-valia.

Retomando nossa comparação entre capitalismo, escravismo e feudalismo, podemos dizer, de maneira metafórica, que os trabalhadores brasileiros de hoje trabalham "como escravos" ou que estão "amarrados à empresa", de maneira semelhante à de um laço servil do qual não conseguem se desatar. Isso sem mencionar os impostos que pagam, muitas vezes tão pesados quanto os tributos medievais. Porém, conceitualmente, fica claro que estamos diante de diferentes modos de produção da sociedade. Delimitar essas diferenças, ressaltando os conceitos-chave que permitem revelar as estruturas que caracterizam nossa sociedade, é um objetivo essencial da Sociologia no Ensino Médio.

É possível notar que, em nossa exposição, falamos em "regime social" e não em "modo de produção". Embora tenhamos tratado da produção no capitalismo, é necessário levar em conta que as condições dessa produção são reproduzidas no âmbito ideológico, político e cultural. Ora, durante a época medieval europeia, a Igreja católica cumpriu um papel fundamental na difusão da ideologia de que os monarcas eram representantes divinos na Terra. No capitalismo, é necessário, para a reprodução do modo de vida burguês, o encobrimento das relações de exploração. As relações jurídicas contribuem para essa reprodução. O direito burguês no capitalismo distingue-se dos demais direitos de outras épocas por apresentar desiguais como iguais. No escravismo, os direitos de senhores e escravos eram diferentes porque eles eram vistos como diferentes. No estado capitalista, todos são iguais perante a lei: não há diferenças jurídicas entre proletários e burgueses – o que exploramos melhor no Capítulo 9 deste livro. Na prática, no entanto, não funciona assim, pois as condições para o exercício da liberdade e da democracia, como acesso a bens, cultura, educação, influência política etc., entre essas duas classes antagônicas e suas frações são desiguais.

Por essas razões, é necessário trabalhar com os alunos os elementos apresentados, os quais contribuem para o entendimento do capitalismo como uma totalidade social (econômica, política, ideológica e cultural). Isso orienta nosso modo de produzir e reproduzir a vida material, assim como nossos valores e comportamentos.

4.2 AS CLASSES SOCIAIS

Dos autores clássicos da Sociologia, Karl Marx é aquele que nos oferece as pistas mais fundamentais para a análise das relações de classe no capitalismo. Embora geralmente associado a uma noção binária e simplista de classes, ao observar o conjunto de sua obra, é possível identificar uma leitura complexa e multicausal do fenômeno. Marx parte da ideia de que as classes sociais são fruto de relações de enfrentamento, cujo substrato material está nas relações que os indivíduos estabelecem com os meios de produção. Assim, uma primeira aproximação com as relações de classe se dá na estrutura produtiva da sociedade, que, no capitalismo, antepõe as duas classes fundamentais: a burguesia, que, por ser proprietária dos meios de produção pode acumular capital extorquindo mais-valia da classe trabalhadora, e o proletariado, ao qual, por ser expropriado dos meios, só lhe resta vender a própria força de trabalho para adquirir meios de sua subsistência.

Ao identificar o segredo da acumulação de capital na extorsão da mais-valia dos trabalhadores, Marx definiu duas classes fundamentais do capitalismo. Porém, na análise de situações históricas concretas, o autor jamais se restringiu a essas duas classes. Observamos, em suas obras históricas, a existência de diversas classes intermediárias, como a pequena burguesia (os pequenos proprietários) e o campesinato, ambos constantemente ameaçados de serem submetidos a um processo de proletarização.

A polarização de classes no capitalismo é uma tendência iminente, e não uma realidade concreta observável em todas as formações sociais e fases do capitalismo. Desse modo, os professores de Sociologia devem ter em mente que o sistema de classes, como fenômeno complexo, não se restringe a uma classificação restrita do tipo "A" ou "B". A observação da realidade concreta como ponto de partida para abordar os conceitos sociológicos no Ensino Médio não permitiria chegar a essa conclusão. Vejamos, então, como as classes fundamentais se dispuseram historicamente.

Ainda que o próprio Marx tenha levado em conta a existência de mais de duas classes no capitalismo, a complexificação da estrutura social a partir do início do século XX tornou necessário acrescentar outro fenômeno à discussão: o crescimento dos assalariados não manuais. Embora expropriados dos meios de produção e vendedores de sua força de trabalho, passaram a exercer o controle científico e a gerência administrativa do processo de trabalho, cumprindo tarefas burocráticas e, assim, diferenciando-se dos trabalhadores manuais. É o caso de engenheiros, administradores de empresa e trabalhadores de escritórios e repartições públicas, bem como de profissionais de serviços necessários para a reprodução da força de trabalho, como médicos e professores.

Por essa razão, alguns autores, como Nicos Poulantzas (1978), consideram esses trabalhadores como parte da *nova pequena burguesia*, que se diferencia da *pequena burguesia tradicional* pela ausência de propriedade; entretanto, têm um estatuto diferente da classe operária, seja porque possuem autonomia e controle sobre o processo de trabalho, seja porque supervisionam outros trabalhadores a eles subordinados. Com base em outra leitura, Eric Olin Wright (1981) entende que esses trabalhadores possuem uma *localização contraditória de classe*, diferenciando-se tanto da burguesia como da classe operária; porém, não é possível defini-los como uma classe à parte. Há ainda aqueles que, como Décio Azevedo Marques de Saes (1984), inserem tais trabalhadores na *classe média* e, portanto, parte de uma classe distinta da pequena burguesia. Por fim, existem autores que chamam a atenção para o fato de que esses trabalhadores já estariam se proletarizando. Harry Braverman (1980), por exemplo, ressalta o processo de racionalização do processo de trabalho no escritório, que o tornaria muito semelhante ao do chão de fábrica.

Por todas essas questões abordadas até aqui, podemos dizer que classe social é um dos conceitos macrossociológicos que apresentam mais dificuldade de apreensão. Embora geralmente simplificado pelos manuais didáticos, trata-se de um fenômeno multicausal, ou seja, possível de ser apreendido baseado em distintos aspectos e sob diferentes recortes. Como já destacamos, é muito frequente a ideia de que Marx parte de uma análise binária do fenômeno, reduzindo-se às duas classes fundamentais do capitalismo (burguesia e proletariado). Porém, em diversos textos históricos e políticos, o autor chama a atenção para várias classes intermediárias. Também é muito comum identificar as classes com base em outras formas de estratificação, como as faixas de renda e a estrutura sócio-ocupacional. Por isso, as dificuldades em abordar a questão no Ensino Médio são inúmeras, principalmente se insistimos em identificar as classes como um dado objetivo da economia, o que traz uma dificuldade a mais, já que os dados oficiais apenas permitem a análise da composição de classe de forma muito aproximativa e, ainda assim, fazendo um filtro e uma leitura crítica e cuidadosa. Consideramos que algumas ponderações são importantes ao abordar a temática das classes sociais em sala de aula.

Em primeiro lugar, é necessário levar em conta que o conceito de classes sociais em Marx não é equiparável a classes de renda, embora sejam muitas vezes definidas como classes sociais. No entanto, isso não significa que as faixas de renda não possam ser trabalhadas de forma crítica como um dado indicativo das relações de classe. Ora, um dos aspectos das relações capitalistas observado por Marx foi justamente a concentração da riqueza, fruto da acumulação de capital. Sabemos que a mídia divulga frequentemente informações sobre faixas salariais, classificadas em A, B, C, D e E. Deixar de problematizar esses dados seria perder uma oportunidade de cumprir um dos objetivos da Sociologia no Ensino Médio, qual seja, a prática social. Sob nenhum critério, podemos afirmar de maneira taxativa que o proletariado corresponde às faixas D e E, que a classe média está nas faixas B e C e que a burguesia se encontra na faixa A, embora seja muito provável que a grande burguesia se concentre na faixa A e que a população concentrada nas faixas D e E seja, majoritariamente, proletária. Porém, é possível que um engenheiro, ainda que seja um trabalhador assalariado, tenha conhecimento científico e exerça seu trabalho com autonomia e controle do processo de trabalho, comandando uma equipe de trabalhadores manuais, tenha uma renda de vinte salários mínimos, o que o incluiria na faixa A, apesar de não ser, a rigor, um capitalista. Da mesma forma, é possível que um pequeno capitalista, dono de um pequeno negócio – uma banca de jornais, por exemplo – que não lhe permite explorar trabalho alheio nem acumular capital, adquira apenas o necessário para sua sobrevivência, inserindo-se na faixa C. Observemos, então, que a relação entre inserção de classe e renda é um fenômeno complexo, que possui muitas interseções, mas que de modo algum pode ser analisado de forma mecânica. Além disso, é necessário chamar a atenção para a arbitrariedade dessas faixas. Por que essas e não outras? Ademais, se essas faixas permitem observar o fosso que separa a faixa A da E, no topo da pirâmide não se permite observar a superconcentração de renda, de tal modo que o engenheiro de nosso exemplo termina por equiparar-se, pela faixa de renda, a um milionário dono de uma fábrica.

Nossa segunda ponderação diz respeito à necessidade de tomar o cuidado de não identificar, de forma mecânica, as profissões com as classes sociais. Quando se fala na categoria dos professores, por exemplo, além da polêmica em torno de sua inserção de classe, é possível perceber uma multiplicidade de relações de classe entre os docentes. No Brasil, os professores da educação básica da rede pública não possuem as mesmas condições de trabalho e renda dos professores universitários, sem mencionar as clivagens entre o ensino privado e o público, que acentuaria ainda mais a complexidade de nosso problema. Da mesma forma, quando tratamos de médicos, é difícil colocar todos no mesmo "balaio", já que, apesar de compartilharem o mesmo *status* e nível de formação, sua relação com os meios de produção são diversas, estando entre um plantonista de hospital público ou um generalista de plano de saúde e um proprietário de uma grande clínica ou de um laboratório. Em suma, é necessário observar que as classes sociais no âmbito econômico são um fenômeno complexo, multicausal e contraditório. Não apresentam correspondência direta com nenhuma das formas habituais de estratificação social utilizadas pelas pesquisas oficiais e difundidas pela mídia, embora forneçam alguns elementos que, uma vez analisados criticamente, auxiliam na compreensão das relações de classe.

Por fim, é fundamental complexificar as relações de classe para além das relações econômicas, tendo em vista o comportamento político das classes e suas relações de enfrentamento. Nesse sentido, é fundamental identificar os interesses de classe nas ideologias hegemônicas e na política do Estado. Por exemplo, a noção de que a educação pública é ruim porque não está submetida a regras do mercado tem servido aos interesses de grandes empresários, que vêm lucrando com o sucateamento de escolas e universidades, e dos governos neoliberais, que, sob o pretexto de controlar a inflação, vêm reduzindo os gastos públicos com educação e precarizando o trabalho dos professores. Nesse sentido, essa ideologia privatista pode ser identificada como uma ideologia burguesa, que, embora seja defendida por parte da classe trabalhadora, termina por atender aos interesses da burguesia financeira e de serviços, que são representados por partidos e governantes que defendem essa orientação, porque entre eles há empresários. Por outro lado, é possível identificar uma greve de trabalhadores por reposição salarial como um fenômeno da luta de classes, já que tem como objetivo impor um limite à exploração do capital sobre o trabalho, reduzindo a exploração e a extorsão da mais-valia. Assim, a posição na estrutura produtiva indicaria certas tendências, não mecânicas, para interesses e comportamentos de classe, que por sua vez é um componente decisivo da luta de classes.

Esses e outros exemplos levados por professores e alunos à sala de aula, uma vez trabalhados de forma teórica e conceitual, possibilitam uma problematização muito rica sobre a prática social atual, tendo em vista que é marcada, em sua essência, pelas relações capitalistas.

4.3 INTERVENÇÃO DIDÁTICA: A MERCADORIA E SEU SEGREDO

Propomos, para esta intervenção didática, a apresentação de um curta-metragem como recurso didático que auxilie o professor a instigar os estudantes ao debate, não apenas dos elementos conceituais como também estéticos. O cinema é um artefato cultural que expressa uma forma de compreensão do mundo por meio de recursos imagéticos que dialogam com os espectadores, neste caso, os estudantes. A utilização dos curtas-metragens também é bastante adequada por proporcionar, na maior parte dos casos, a exibição e a discussão do filme em uma mesma aula. Para esta atividade, sugerimos a exibição das duas versões do curta-metragem *El empleo*, de Santiago Bou Grasso (2008) e de Jose Vargas (2013).

4.3.1 Descrição da atividade e dos objetivos

O filme de Grasso é uma animação argentina; a produção de Vargas é uma adaptação da animação com atores e foi realizada por alunos da Escola de Arte de Madri (Espanha). A história mostra um dia na vida de um homem que vai ao trabalho e, no caminho, encontra várias outras pessoas que surgem como coisas, não como seres humanos. O estranhamento gerado pelo filme é um excelente pontapé para entender o que os alunos pensam e sentem sobre o trabalho na sociedade contemporânea. O ótimo roteiro possibilita diferentes abordagens de temas e conceitos diversos. Optamos aqui por discutir os conceitos de força de trabalho, exploração e classes sociais, com um exercício de mediação entre o saber cotidiano e o científico.

4.3.2 Desenvolvimento da atividade

Para esta atividade, propomos os seguintes passos:

1º passo: problematização

Neste passo, sugerimos exibir a animação *El empleo*. Assistir a uma produção cinematográfica na escola é uma ação intencional com fins educativos, o que exige preparação com objetivos claros. Ver um filme com os alunos pode ser prazeroso, mas devemos ir além e estabelecer um bom roteiro que seja lido com eles antes do filme. Esse roteiro deve orientar o olhar dos estudantes para os elementos que são foco da sequência da intervenção didática.

Indicamos iniciar com informações sobre o curta-metragem. *El empleo* (em português, o emprego) é um curta-metragem argentino lançado em 2008. Foi dirigido por Santiago Bou Grasso, escrito por Patricio Gabriel Plaza e produzido pelo estúdio de animação Opusbou. Apresenta um dia comum na vida de um homem, desde o momento em que acorda até sua chegada a seu posto no trabalho. O filme já foi assistido por quase 5 milhões de pessoas no YouTube e tem mais de cem prêmios, entre eles o do festival internacional Anima Mundi de 2008, realizado em São Paulo.

Durante a exibição do filme, os alunos devem estar atentos às seguintes questões:

- Que tipo de emprego você imaginou que o personagem principal tivesse antes do desfecho? Por quê?

- No filme, qual a relação entre os objetos e as pessoas?

- Que sensações e sentimentos o filme despertou em você? O que você acha que causou esses sentimentos?

- A que tipos de empregos você relaciona os apresentados no filme?

2º passo: construindo o conceito de exploração na sociedade capitalista

O texto a seguir é uma elaboração didática baseada no capítulo "A mercadoria", do primeiro livro de *O capital*, de Karl Marx. Sugerimos a leitura explicativa do texto em sala de aula, possibilitando o surgimento de dúvidas e a explanação do professor.

A exploração capitalista

Você já reparou que no mundo em que vivemos estamos cercados por mercadorias? Compre isso, venda aquilo etc. As propagandas tentam nos convencer a comprar até o inimaginável. E, nesse mundo de compras, por que a maioria das pessoas não tem dinheiro para comprar nem o mínimo para viver? Vamos ver...

Como a exploração acontece?

A mercadoria se apresenta de duas formas no capitalismo. A primeira é como valor de uso, ou seja, como utilidade determinada socialmente. Isso significa que a mercadoria serve para alguma coisa, satisfazendo alguma necessidade, qualquer que seja. Por exemplo, aquela lembrancinha que parece não servir para nada, mas que tem algum valor sentimental para você, tem valor de uso. O valor de uso de cada mercadoria é produzido por atividades diferentes (como sapateiro, técnico em computador etc.), porque a sociedade está organizada com base em uma divisão social do trabalho. A outra forma é o valor de troca, em que todas as mercadorias podem ser trocadas por algo comum, isto é, por mercadorias equivalentes. Assim, retira-se da mercadoria aquilo que a torna única, ou seja, seu valor de uso, permanecendo o valor pelo qual pode ser trocada – por exemplo, sapato por milho, sapato por dinheiro.

O que vai gerar o valor de troca? Como saber qual o valor de cada mercadoria?

Aquilo que faz todas as mercadorias terem valor para troca não é sua utilidade, visto que atualmente há mercadorias com pouquíssima utilidade e alto valor, como o ouro. Existe, nas mercadorias, algo em comum que possibilita que sejam trocadas: o trabalho humano. Tudo o que existe no mundo e que foi transformado pelo trabalho humano, ou seja, toda mercadoria, possui uma quantidade de trabalho, que é o tempo que a mercadoria demorou para ser produzida (ação humana transformadora).

O dinheiro não tem utilidade, mas tem valor!

Trata-se de uma forma de mercadoria que contém em seu "corpo" o valor de uso. Aquele papelzinho não tem utilidade, não serve para nada, mas tem valor de troca, pois é um equivalente geral. Podemos trocar qualquer mercadoria por dinheiro e vice-versa.

Na sociedade capitalista, como é possível ter mais dinheiro para satisfazer nossos desejos?

Há duas maneiras de fazer o dinheiro circular:

1. Mercadoria – Dinheiro – Mercadoria: nesse processo, compramos uma mercadoria com dinheiro que, por sua vez,

serve para comprar outra mercadoria, e assim por diante. O começo e o final do processo são a compra de uma mercadoria e seu gasto. Acaba assim, compramos e gastamos a mercadoria. Esse é o processo de consumo, ou seja, satisfação das necessidades. É o que fazemos com nosso salário.

2. Dinheiro – Mercadoria – Dinheiro': nesse processo, o dinheiro compra mercadorias que, depois de vendidas, geram mais dinheiro do que se tinha antes. Como podemos ganhar mais dinheiro ao vender as mercadorias? Nesse caso, não é a simples venda, mas a produção que gera dinheiro. Vejamos. No processo de produção de mercadorias, o capitalista que tem os meios de produção (máquinas e matéria-prima) ou dinheiro suficiente para comprá-los; ele paga também os trabalhadores que manipulam a matéria-prima segundo os meios de produção e a transformam em mercadoria.

Quando o capitalista compra máquinas e matéria-prima, precisa que alguém, o trabalhador, transforme a matéria-prima em mercadoria. Porém, a força de trabalho também é uma mercadoria, pois tem um preço! Isso mesmo! O tempo que o trabalhador gasta para transformar algo em mercadoria é pago no fim do mês em forma de salário. Portanto, o trabalhador é uma mercadoria, já que oferece seu tempo para o trabalho. Por que ele faz isso? Porque não tem dinheiro para ser dono dos meios de produção, e a única coisa que pode vender para sobreviver, mês a mês, é sua força de trabalho.

Aqui, temos algo especial: a força de trabalho é a única mercadoria que, quando gasta, gera mais valor. Em outras palavras: toda mercadoria quando é consumida acaba, certo? A máquina, o sapato, o batom, entre outras coisas, acabam. No entanto, a força de trabalho, quando está sendo consumida, faz outras mercadorias que vão ser vendidas mais tarde pelo capitalista. Aí está o "milagre"! Quanto mais o trabalhador trabalha, mais produz para o capitalista vender e acumular dinheiro. Esse dinheiro que é extraído da força de trabalho e que volta para a produção é denominado mais-valor ou mais-valia. Ele retorna para a produção como capital, não mais simplesmente como dinheiro. Essa é a diferença que vimos no segundo item entre o Dinheiro que inicia o processo e o Dinheiro' no final dele.

E o salário?

O salário pago ao trabalhador é como qualquer outra mercadoria. Seu preço é estipulado de acordo com o necessário para o trabalhador existir, ou seja, o salário paga a quantidade certa para o trabalhador continuar vivendo. Se a quantidade puder ser mínima, suficiente para o trabalhador ficar de pé, melhor ainda, pois haverá mais acumulação! O capitalista não divide a quantidade de dinheiro que recebe ao vender as mercadorias produzidas entre os trabalhadores, certo? Claro que não! Se dividisse, ao final do processo, não ganharia nada por ter comprado máquinas e matéria-prima e contratado trabalhadores. No capitalismo, assim se dá a exploração do trabalhador pelo capitalista. Como você viu, não há salário justo, pois, se existe salário, há exploração.

Fonte: adaptado de Marx, 2013.

3º passo

Após a discussão do texto e a familiarização dos conceitos, propomos retornar ao curta-metragem para utilizar os conceitos como ferramentas para a análise da realidade social. Agora, sugerimos a exibição da versão com atores de *El empleo*, trazendo outra perspectiva à narrativa. Na sequência, indicamos a leitura do poema "O açúcar", de Ferreira Gullar.

O açúcar

O branco açúcar que adoçará meu café

nesta manhã de Ipanema

não foi produzido por mim

nem surgiu dentro do açucareiro por milagre.

Vejo-o puro

e afável ao paladar

como beijo de moça, água

na pele, flor

que se dissolve na boca. Mas este açúcar

não foi feito por mim.

Este açúcar veio

da mercearia da esquina e tampouco o fez o Oliveira, dono da mercearia.

Este açúcar veio

de uma usina de açúcar em Pernambuco

ou no Estado do Rio

e tampouco o fez o dono da usina.

Este açúcar era cana

e veio dos canaviais extensos

que não nascem por acaso

no regaço do vale.

Em lugares distantes, onde não há hospital

nem escola,

homens que não sabem ler e morrem de fome

aos 27 anos

plantaram e colheram a cana

que viraria açúcar.

Em usinas escuras,

homens de vida amarga

e dura

produziram este açúcar

branco e puro

com que adoço meu café esta manhã em Ipanema.

Fonte: Gullar (2001, p. 35).

4º passo

Em grupos, os estudantes podem debater os elementos presentes tanto no filme quanto na poesia. Para instigar o debate, sugerimos que discutam e apresentem aos colegas suas conclusões, com a mediação do professor. A seguir, apresentamos algumas questões norteadoras:

- No filme, as pessoas são coisas; no poema, vemos como o açúcar que chega até nós foi produzido por outras pessoas. Observamos como o trabalho é essencial para a dinâmica social. Como isso pode ser relacionado com o trabalho na sociedade capitalista?

- A produção de mercadorias no capitalismo separa as pessoas em classes sociais distintas. Que classes aparecem no filme e no poema? Como o texto "A exploração capitalista" explica a existências dessas classes?

- Vocês se identificaram com algum emprego do filme ou do poema? A que classe social diria que pertence?

REFERÊNCIAS

BRAVERMAN, H. As camadas médias do emprego. In: _____. **Trabalho e capital monopolista:** a degradação do trabalho no século XX. Rio de Janeiro: Zahar Editores, [1974]1980. p. 341-346.

EL EMPLEO. Direção: Santiago Bou Grasso. Roteiro: Patricio Gabriel Plaza. Argentina: Opusbou, 2008 (7 min). Disponível em: <https://www.youtube.com/watch?v=cxUuU1jwMgM>. Acesso em: 28 dez. 2017.

_____. Direção: Jose Vargas. Madri: Escuela de Arte12, 2013 (4 min). Disponível em: <https://www.youtube.com/watch?v=70NbHu5mpm4>. Acesso em: 28 dez. 2017.

GULLAR, F. **Toda poesia**. 11. ed. Rio de Janeiro: José Olympio, 2001.

MARX, K. **Contribuição para a crítica da economia política**. Lisboa: Editorial Estampa, 1974.

_____. A mercadoria. In: _____. **O capital**. São Paulo: Boitempo, 2013, Livro I. p. 113-158.

POULANTZAS, N. **As classes sociais no capitalismo hoje**. 2. ed. Rio de Janeiro: Zahar Editores, 1978.

SAES, D. A. M. de. **Classe média e sistema político no Brasil**. São Paulo: T. A. Queiroz, 1984.

WRIGHT, E. O. **Classe, crise e o Estado**. Rio de Janeiro: Zahar Editores, 1981.

5

A formação social brasileira

As formas concretas de manifestação do capitalismo variam no tempo e no espaço. Em outras palavras, os modos predominantes de exploração e os padrões de dominação não são os mesmos ao longo da história nem em todos os lugares. O capitalismo inglês no século XIX, sobre o qual escreveu Karl Marx, sofreu profundas mudanças ao longo do século XX. Entre essas mudanças, destacamos, no capítulo anterior, o crescimento dos assalariados não manuais. Tampouco podemos pensar que o capitalismo inglês no século XIX tenha sido semelhante ao capitalismo brasileiro no mesmo período. Há autores que, inclusive, chegam a questionar se a sociedade escravocrata brasileira daquela época poderia ser considerada capitalista. Nosso entendimento parte da noção de que, embora o regime de trabalho escravo fosse predominante, a economia brasileira encontrava-se subordinada ao capitalismo comercial. Para Caio Prado Jr. (2000), a sociedade colonial brasileira foi um capítulo da acumulação primitiva do capital na Inglaterra, embora o modo de produção predominante no país fosse escravocrata.

Partindo do mesmo raciocínio, também podemos dizer que o capitalismo brasileiro atual é muito distinto do estadunidense, por exemplo. O que diferencia o capitalismo brasileiro do praticado nos EUA? Sem dúvida, a maior diferença está na relação que se estabelece entre eles, ou seja, na relação de subordinação do primeiro ao segundo. Como explicitar essa questão aos alunos do Ensino Médio? São várias as estratégias possíveis, mas acreditamos que, inicialmente, é necessário fazer um exercício de síntese histórica, guardando os devidos cuidados para que a Sociologia não termine ocupando o lugar da disciplina História. Outra saída interessante é trabalhar com dados da economia e das relações comerciais entre esses países, bem como a participação de ambos na divisão internacional do trabalho. Por fim, a busca por evidências empíricas da dominação cultural estadunidense em nosso país é outra forma de enxergar a questão, se o objetivo é ir além do domínio nas esferas política e econômica.

Sabemos que o Brasil foi uma colônia de Portugal durante mais de três séculos. Depois da Independência, no entanto, é mais difícil identificar o caráter subalterno da economia brasileira. Porém, entendemos que, ao longo do século XIX, o Estado brasileiro dependeu de tecnologia e de empréstimos de bancos ingleses para financiar a expansão de sua rede ferroviária, ao passo que comercializava com a Inglaterra produtos de baixo valor agregado, principalmente o café. Ainda hoje, são raros os produtos que exigem alto conhecimento tecnológico fabricados por empresas com sede em nosso país. A maioria desses produtos tem origem no Japão, nos principais países europeus e, em especial, nos EUA. Nossa pauta de exportações se resume a produtos primários (especialmente produtos agropecuários e minérios). Isso nos leva a identificar o elemento essencial do capitalismo brasileiro, a saber, seu caráter dependente. Ora, apesar de não sermos mais colônia, estamos submersos em relações imperialistas, que colocam entraves ao nosso desenvolvimento autônomo. Esse foi um dos problemas centrais do pensamento social brasileiro nos anos 1960 e 1970, sendo objeto da análise de autores como Celso Furtado, Caio Prado Jr., Florestan Fernandes e Ruy Mauro Marini.

Como já chamamos a atenção, é necessário observar que as relações imperialistas não se restringem ao âmbito econômico. Embora a interferência externa direta não seja a prática mais comum, é possível apresentar exemplos de como os países imperialistas buscaram interferir na vida política de nosso país ao longo da história. O maior exemplo está no golpe militar de 1964, que teve participação do governo estadunidense, interessado em conter o avanço da luta de classes no país e garantir, assim, um clima mais propício para os investimentos das empresas – leia-se, da acumulação de capital da grande burguesia imperialista, representada, naquele momento, pelas indústrias estrangeiras.

O tratamento dessas questões em sala de aula deve estar permeado pelo cuidado de não se validar uma visão vitimista da história brasileira, amenizando, na explicação de nossas mazelas sociais, o papel de nossa burguesia e da política submissa aos interesses do capital estrangeiro levada a cabo por governos nacionais. Porém, é preciso considerar a existência de amarras estruturais no capitalismo brasileiro que impedem a burguesia do país de concorrer no mesmo patamar com a burguesia dos países capitalistas centrais. Estes últimos, ao contar com a possibilidade de explorar recursos e trabalhadores de países periféricos, terminam por levar volumosas divisas para seus países de origem, o que explica, em boa medida, o nível de vida mais elevado de sua população. Não é casual que muitos dos países que contam com os melhores indicadores sociais do mundo sejam exatamente os que têm maior número de empresas espalhadas pelo mundo.

Vejamos um pouco mais sobre as características estruturais do capitalismo brasileiro. Já sabemos que se trata de um país dependente, o que quer dizer que suas possibilidades de desenvolvimento são limitadas pelos laços de subordinação (econômica, política e militar) aos países imperialistas. Quando se fala de economia no Brasil, talvez o aspecto que mais salte aos olhos seja a forte desigualdade social. Entretanto, para além de uma questão de distribuição de riqueza, é necessário apresentar, em sala de aula, elementos que expliquem as imensas diferenças internas no desenvolvimento das forças produtivas que marcam nosso país. Ora, o Brasil é uma formação social hegemonicamente capitalista, mas que integra vários mercados que utilizam a força de trabalho diferentemente da relação assalariada típica do capitalismo. Se, por um lado, contamos com uma grande parcela de trabalhadores assalariados urbanos, por outro, também há uma parte significativa da população que não está integrada ao mercado de trabalho ou que encontra seu meio de sobrevivência no trabalho informal, na pequena propriedade rural, no comércio ambulante, em atividades ilícitas etc. Essa superpopulação relativa crônica em nosso país explica a subordinação interna que submete o Norte e o Nordeste ao Centro-Sul, e principalmente o nível de superexploração existente no país, que barateia a reprodução da força de trabalho e permite que as empresas aqui instaladas (nacionais e estrangeiras) acumulem grandes volumes de capital. Esses traços gerais devem estar presentes na problematização feita em sala de aula, pois, sem eles, não se entende o capitalismo brasileiro.

5.1 O CARÁTER DEPENDENTE DO CAPITALISMO BRASILEIRO

Para tratar do caráter dependente do capitalismo brasileiro em sala de aula, sugerimos a seguinte pergunta como ponto de partida: se o capitalismo é desigual em todo o planeta, por que no Brasil assume a forma de um abismo? Uma das formas mais habituais de tratar essa questão, presente no senso comum e validada por alguns intelectuais, é a explicação culturalista, que, ao buscar as raízes dos problemas sociais brasileiros no Estado patrimonialista herdado de Portugal, afirma que o Brasil seria um país mais corrupto que os demais. Esse tipo de explicação oculta a exploração escravocrata do passado colonial. Também pensamos que dissimula as relações imperialistas que se estabeleceram no país desde a Independência até os dias de hoje.

Nesse sentido, é muito importante que os alunos do Ensino Médio tenham contato com as contribuições mais autênticas do pensamento social crítico brasileiro. Entre seus grandes intérpretes, destacamos Florestan Fernandes, que deixou um dos mais originais legados para a Sociologia de nosso país em obras como *A integração do negro na sociedade de classes* e *A revolução burguesa no Brasil*. Embora reconheça a relação de subordinação com os países dominantes como vetor dos destinos do país, Fernandes não cai na tentação de explicar todos os problemas brasileiros como uma relação unilateral imposta de *fora para dentro*. Sua análise torna-se mais sofisticada na medida em que inclui a maneira como o setor mais moderno de nossa economia se associa, em diversos momentos, aos interesses das economias centrais. Assim, mais do que uma simples vítima da dominação imperialista, a burguesia brasileira associa-se com o capital internacional para garantir parte da riqueza expropriada da pilhagem dos recursos naturais e da superexploração do trabalho no país. Sem condições de competir com igualdade no mercado internacional, aceita e busca tirar proveito de sua condição de "sócia menor" dos países centrais. Fernandes vai mais longe ainda. Para ele, a característica essencial do desenvolvimento capitalista brasileiro é sua dificuldade de superar o passado colonial. Assim, a emancipação política de Portugal não ultrapassou a permanência do trabalho escravo; a abolição da escravidão não integrou os negros ao regime de trabalho assalariado; o advento do capitalismo monopolista não aconteceu com a modernização da economia; além disso, em nenhum momento a concentração de terra e riqueza foi enfrentada de modo geral.

Nesse sentido, e de modo invariável, as grandes mudanças econômicas e políticas do país se deram com base em "acordos de cavalheiros" entre os setores mais avançados da economia e os mais conservadores. Esse pacto é o que vem garantindo, de forma secular, que o arcaico e o moderno se articulem para promover exploração e espoliação escandalosas, não garantindo concessões às classes subalternas do país no que diz respeito a direitos de cidadania, participação democrática e acesso ao mercado de bens e serviços de consumo. É essa *dupla articulação* – externa e interna – que está na base de nossas desigualdades e da violência – econômica e simbólica – que marca nosso cotidiano. Na impossibilidade de construir uma base material – tecnológica e militar, especialmente – que lhe permita desenvolver um projeto autônomo e autossustentado, a burguesia brasileira associa-se simultaneamente com o imperialismo e os setores atrasados da economia nacional, visando justificar o massacre cotidiano da população trabalhadora, impondo um nível de extorsão de mais-valia que lhe garante, ao mesmo tempo, a manutenção de seus privilégios internos e a remuneração do capital externo. Apenas tem sido possível estabelecer alguns limites a essa tendência na forma de dominação e exploração típica em nosso país por meio da pressão popular realizada por sindicatos e movimentos sociais.

5.2 INTERVENÇÃO DIDÁTICA: A SOLUÇÃO É ALUGAR O BRASIL?

Como vimos ao longo do capítulo, a formação social brasileira posiciona-se no quadro das relações capitalistas internacionais como uma nação dependente. Isso significa dizer que nossas mazelas sociais devem ser explicadas com base em uma dupla articulação (interna e externa), cuja origem histórica está na dificuldade de superação de nosso passado colonial e escravocrata. Afinal, como perceber a persistência desses fatores em nosso cotidiano?

5.2.1 Descrição da atividade e dos objetivos

Diversas formas de expressão artística podem ser utilizadas em sala de aula com o objetivo de chamar a atenção dos alunos sobre as influências culturais e as amarras político-econômicas impostas de fora, mas também legitimadas internamente, as quais limitam as possibilidades de desenvolvimento autônomo de nosso país. Sugerimos, para este capítulo, que o professor realize uma atividade em grupo cujo objetivo é a interpretação de letras de músicas sobre essas questões. A seguir, apresentamos três exemplos de canções com enorme potencial didático: "Samba do *approach*", de Zeca Baleiro; "Aluga-se", de Raul Seixas; e "Chiclete com banana", de Almira Castilho e Gordurinha.

5.2.2 Desenvolvimento da atividade

Propomos os seguintes passos para desenvolver esta atividade:

1º passo

Apresente aos alunos as seguintes canções: "Samba do *approach*", de Zeca Baleiro; "Aluga-se", de Raul Seixas; e "Chiclete com banana", interpretada por Jackson do Pandeiro ou por Gilberto Gil.

Samba do *approach*

Venha provar meu *brunch*

Saiba que eu tenho *approach*

Na hora do *lunch*

Eu ando de *ferryboat...*

Eu tenho *savoir-faire*

Meu temperamento é *light*

Minha casa é *hi-tech*

Toda hora rola um *insight*

Já fui fã do Jethro Tull

Hoje me amarro no Slash

Minha vida agora é *cool*

Meu passado é que foi *trash...*

Venha provar meu *brunch*

Saiba que eu tenho *approach*

Na hora do *lunch*

Eu ando de *ferryboat...*

Fica ligado no *link*

Que eu vou confessar *my love*

Depois do décimo *drink*

Só um bom e velho engov

Eu tirei o meu *green card*

E fui pra Miami Beach

Posso não ser *pop star*

Mas já sou um *noveau-riche*...

[...]

Fonte: Zeca Baleiro (1999)

Aluga-se

A solução pro nosso povo

Eu vou dar

Negócio bom assim

Ninguém nunca viu

Tá tudo pronto aqui

É só vim pegar

A solução é alugar o Brasil!...

Nós não vamos pagar nada

Nós não vamos pagar nada

É tudo *free*!

Tá na hora agora é *free*

Vamos embora

Dá lugar pros gringo entrar

Esse imóvel tá pra alugar

Ah! Ah! Ah! Ah! Ah! Ah!...

Os estrangeiros

Eu sei que eles vão gostar

Tem o Atlântico

Tem vista pro mar

A Amazônia

É o jardim do quintal

E o dólar dele

Paga o nosso mingau…

[...]

Fonte: Raul Seixas (1980)

Chiclete com banana

Eu só boto bebop no meu samba

Quando Tio Sam tocar um tamborim

Quando ele pegar

No pandeiro e no zabumba.

Quando ele aprender

Que o samba não é rumba.

Aí eu vou misturar

Miami com Copacabana.

Chiclete eu misturo com banana,

E o meu samba vai ficar assim:

Tururururururi bop-bebop-bebop

Tururururururi bop-bebop-bebop

Tururururururi bop-bebop-bebop

Eu quero ver a confusão

[...]

Fonte: Gilberto Gil (1972)

2º passo

Solicite aos alunos que destaquem, nas letras das músicas, passagens que se relacionam com os temas trabalhados. Nesta etapa da atividade, espera-se que o professor provoque os estudantes com questões problematizadoras, a fim de atentá-los para o estabelecimento de relações que auxiliem na compreensão do tema tratado nas aulas. São exemplos:

- Em "Samba do *approach*", qual a intenção do compositor ao utilizar expressões estrangeiras de modo tão recorrente?

- Em "Aluga-se", o compositor se vale de uma ironia, ao propor que a solução é "alugar o Brasil", para fazer uma crítica da relação do país com os estrangeiros. Que crítica é essa?

- Em "Chiclete com banana", por que os compositores propõem ao Tio Sam que aprenda a tocar instrumentos típicos e participe de uma batucada brasileira?

3º passo

Após a interpretação da letra e o debate em sala de aula, faz-se necessário estimular os alunos a relacionar as letras das músicas com o repertório conceitual estudado. Sugerimos que o professor entregue um roteiro de questões a serem respondidas no caderno ou em folha à parte para avaliação. A seguir, algumas questões que podem ser abordadas nesta atividade:

- Em "Samba do *approach*", Zeca Baleiro recorre a diversas expressões idiomáticas estrangeiras, especialmente em inglês, para mostrar as influências culturais de outros países em nosso cotidiano. Como o conceito de *imperialismo* pode nos auxiliar a compreender essa questão retratada pelo compositor? Justifique a resposta com trechos da música.

- Em "Aluga-se", Raul Seixas recorre a uma ironia em que propõe que a solução para o Brasil é alugá-lo, sugerindo que o país já vem sendo dominado por interesses estrangeiros. De que forma podemos relacionar a visão do compositor com a caracterização do Brasil como uma *nação capitalista dependente*?

- Em "Chiclete com banana", os compositores propõem que o Tio Sam, um dos mais importantes símbolos do imperialismo estadunidense, aprenda a tocar instrumentos típicos e participe de uma batucada brasileira. Interprete a letra da canção com base nos conceitos de *dominação* e *resistência* cultural.

REFERÊNCIAS

BALEIRO, Z. **Samba do** *approach.* Rio de Janeiro: MZA Music/ Universal, 1999.

FERNANDES, F. **A revolução burguesa no Brasil**. Rio de Janeiro: Zahar, 1975.

FURTADO, C. **Formação econômica do Brasil**. São Paulo: Publifolha, 2000.

GIL, G. **Chiclete com banana**. [S.l.]: Philips Records, 1972.

PRADO JR., C. **Formação do Brasil contemporâneo**. São Paulo: Publifolha, 2000.

SEIXAS, R. **Aluga-se**. [S.l.]: CBS, 1980.

6

Trabalho e estratificação social

As ciências sociais consideram o trabalho uma das categorias centrais. O estudo das formas de trabalho permite compreender o modo como os seres humanos produzem sua existência com base no intercâmbio com a natureza, ou seja, é o ponto de partida para a compreensão de seu modo de produção, assunto do quarto capítulo. Porém, para além dessa premissa inicial, é preciso adentrar as formas específicas de trabalho para que se tenha conhecimento de suas formas de expressão contemporâneas.

6.1 ESTRATIFICAÇÃO SOCIAL

Como vimos no Capítulo 4, o uso da força de trabalho divide a população em classes sociais. Desse modo, a burguesia seria composta de proprietários de meios de produção, que exploram a força de trabalho alheia; do proletariado, fariam parte os trabalhadores que, por não possuírem meios de produção, precisam vender sua força de trabalho. Ambos vivem do trabalho: os primeiros, do alheio; os últimos, do próprio.

A riqueza social é produzida pelo trabalho. Como o modo de apropriação do produto do trabalho é desigual, também é desigual a riqueza na sociedade. Temos, então, que a primeira forma de estratificação que divide a sociedade são as classes sociais advindas da divisão social do trabalho. Porém, podemos observar outras clivagens para melhor compreender outras determinações sociais advindas das relações de trabalho. A essas diferentes clivagens damos o nome de formas de estratificação social, ou seja, modos de dividir a sociedade em grupos segundo posse/propriedade, acesso a determinados bens (meios de produção, propriedades) e condições de vida e de trabalho.

A primeira forma de estratificação visível a nossos olhos é aquela que divide a população segundo sua quantidade da riqueza. Isso gera diversas camadas sociais, como pobres, ricos, classe média, e possíveis subdivisões dentro de cada uma delas. A forma mais evidente de observar essa questão é a renda (individual, familiar ou *per capita*). Do lado da classe trabalhadora, é possível observar uma clivagem central para compreender o mercado de trabalho: trata-se da divisão entre aqueles que possuem emprego (empregados) e os que não possuem emprego (desempregados). O índice de emprego/desemprego é um indicador fundamental da economia, ou seja, das relações capitalistas, e permite a compreensão do ciclo econômico e da relação de forças entre as classes. Ora, a existência de um grande número de desempregados tende a acuar as lutas sindicais, embora possa estimular outras formas de protesto, como os de sem-teto ou sem-terra.

Também podemos observar as diferenças de distribuição de riqueza e o nível de desenvolvimento capitalista conforme os setores econômicos. Uma região ou país com forte concentração de trabalhadores no campo pode não ter um alto nível de desenvolvimento capitalista. A perda de trabalhadores da indústria ao longo de determinado período pode indicar o início de uma nova fase de acumulação de capital, marcada pela intensificação do processo de concentração de capital oriundo do incremento de novas tecnologias. Estas, incorporadas definitivamente ao processo de produção, circulação e consumo, eliminam empregos que não são repostos e geram um percentual permanente de desemprego, que atinge não só os países com grande desenvolvimento tecnológico como ainda aqueles que estão na periferia da produção mundial. É o que tem sido chamado por alguns economistas e sociólogos de desemprego estrutural na sociedade contemporânea, relacionado não apenas ao desemprego como também ao surgimento de novas formas de ocupação não regulamentadas.

É possível ainda observar as diferentes formas de contrato do emprego da força de trabalho (emprego formal e informal, temporário e por tempo indeterminado etc.) e a persistência do trabalho escravo contemporâneo, que se espraia por setores diversos da economia (agronegócio, confecção, mineração etc.) relacionados a cadeias produtivas de empresas de capital internacional, que, por sua vez, contam com tecnologia de ponta em sua planta produtiva. Esse é o caso das carvoarias, que representam 6% das ocorrências de trabalho escravo identificado em 2012, cuja produção é destinada à siderurgia e produção de peças que abastecem as mais conhecidas montadoras de veículos do planeta.

> 6% das ocorrências de trabalho escravo identificado em 2012: Disponível em: <http://reporterbrasil.org.br/wp-content/uploads/2013/01/S%C3%ADntese-estat%C3%ADstica-do-TE-2013-ATUALIZADA-em-27.03.20141.pdf>. Acesso em: 28 dez. 2017.

Como vemos, a precarização é um conceito polissêmico, ou seja, pode ser definido e interpretado segundo diferentes matrizes e considerando o componente histórico. Isso porque aquilo que hoje pode ser considerado como trabalho rural precário, no início do século XX, era trabalho rural em sua forma majoritária e não legislado, ou seja, sem garantias legais que formalizassem uma maneira de trabalho considerado aceitável.

Com base em dados estatísticos, é possível observar diversos processos de precarização das formas de contratação de trabalho, assim como os grupos sociais mais atingidos – mulheres em relação aos homens, negros em relação aos brancos etc. Ainda se pode verificar a distribuição espacial, podendo ser local, regional, nacional ou internacional. Como exemplo, recuperando o caso do trabalho escravo contemporâneo, percebe-se que está distribuído de forma desigual no globo, concentrando-se em cinco países asiáticos – Índia, China, Paquistão, Bangladesh e Uzbequistão –, responsáveis por 58% do trabalho escravo no mundo em 2015. No Brasil, os escravos contemporâneos estão em maior número nos estados do Pará, Mato Grosso e Goiás, nas atividades da pecuária, lavoura e carvão, respectivamente. Desses trabalhadores, 73,7% cursaram apenas até o quinto ano do Ensino Fundamental.

> Concentrando-se em cinco países asiáticos: Disponível em: <http://www.globalslaveryindex.org/>. Acesso em: 28 dez. 2017.

> 73,7% cursaram apenas até o quinto ano do Ensino Fundamental: Disponível em: <http://reporterbrasil.org.br/wp-content/uploads/2013/01/S%C3%ADntese-estat%C3%ADstica-do-TE-2013-ATUALIZADA-em-27.03.20141.pdf>. Acesso em: 28 dez. 2017.

O tema da estratificação social, por estruturar hierarquias entre classes e grupos na sociedade, está diretamente relacionado às desigualdades sociais que se apresentam de diversas formas, como renda, moradia, escolaridade, lazer etc. Todas essas clivagens estão fortemente relacionadas às relações de classe, que conformam a contradição fundamental das relações sociais capitalistas. Porém, há outras determinações que também têm um peso importante para a compreensão das hierarquias sociais, das quais destacamos: gênero, etnia, região de procedência e faixa etária.

Dados divulgados pela Organização Internacional do Trabalho (OIT) apontam que, na maioria dos países, as mulheres têm menores salários e maiores níveis de desemprego em relação aos homens. Essa também é a realidade entre os não brancos, os migrantes (internos e estrangeiros) e os mais jovens. No Brasil, por exemplo, o salário das mulheres e dos negros é inferior ao de homens e brancos. Também em nosso país, no Sudeste, região mais rica do país, o salário dos migrantes nordestinos é inferior ao da média, da mesma forma que nos países europeus o salário dos nativos é maior do que o dos imigrantes africanos. Em todos os países, os jovens sofrem mais com as formas de contratação precária, com o desemprego e com os salários mais baixos. São relações de dominação que tendem a acentuar as relações de exploração. De modo resumido, podemos dizer que a dominação masculina, o racismo e outras formas de discriminação potencializam as relações de classe. Isso se dá de forma cumulativa, de forma que a condição material da mulher negra tende a ser pior do que a da mulher branca e a do homem negro, sendo ainda mais distante em relação à condição do homem branco.

Para trabalhar todas essas questões, é necessário analisar os dados disponíveis. Um dos objetivos da Sociologia no Ensino Médio é instrumentalizar os alunos à leitura da realidade social segundo informações divulgadas pelos institutos de pesquisa, pelos governos e pela mídia. A utilização de dados de pesquisa em sala de aula não é uma novidade e tem sido bastante disseminada nos materiais didáticos das disciplinas de humanidades. Contudo, não são raras as vezes em que tais dados apenas são chamados para confirmar argumentos presentes nos textos escritos, quase como uma ilustração. A difusão da noção de competências na educação básica, sobretudo por sua força nos Parâmetros Curriculares Nacionais de 1998 (BRASIL, 1998), contribuiu para a visão do conteúdo científico como acessório ao desenvolvimento de habilidades sociais voltadas à "empregabilidade". Isso gerou um uso pragmático dos dados estatísticos na disciplina de Sociologia, muito mais voltados para a mera "interpretação dos dados", ou seja, para o entendimento de tabelas e gráficos, do que para produção como resultado de determinadas relações sociais baseadas na adoção de uma metodologia de pesquisa que, vale dizer, é fundamental para a coleta e o tratamento dos dados nas ciências sociais. Vejamos: o que se caracteriza como desemprego é fundamental para a análise de uma relação social – o trabalho assalariado –, e considerar desemprego como a ausência de carteira assinada ou de qualquer tipo de ocupação remunerada pode fornecer dados bastante distintos a respeito de uma mesma realidade.

Por isso, a utilização de dados em uma análise sociológica é muito mais do que exposição e comparação de números. Exige contextualização histórica e social que relacione os dados aos modos que os produziram e à forma como foram coletados e apresentados pelos institutos de pesquisa. Assim, podemos cumprir nosso objetivo de problematizar a prática social atual por meio do exame das mediações da situação concreta de nossos estudantes.

6.2 INTERVENÇÃO DIDÁTICA: O DE CIMA SOBE E O DEBAIXO DESCE?

6.2.1 Objetivos

Nestas atividades, procuramos problematizar com os estudantes a relação entre dados estatísticos e vida cotidiana. Também pretendemos estimular a análise da correspondência entre a dinâmica do trabalho (emprego e renda) e as clivagens de gênero, etnia e faixa etária, com suas possibilidades e limites. Ainda buscamos estimular a criação de apresentações artísticas com temáticas sociais.

Atividade 1

Dialogar com os estudantes sobre suas impressões acerca da desigualdade social no Brasil com base em músicas como "Pode guardar as panelas", de Paulinho da Viola, e "A cidade", de Chico Science e Nação Zumbi. Ambas as canções trazem questões que tratam das dificuldades da baixa renda ou sua ausência e da hierarquia social derivada da existência de estratos sociais e diferentes condições de vida. É importante verificar as impressões dos alunos sobre a desigualdade social brasileira e suas hipóteses sobre o tema, elencando-as e buscando, por meio dos dados quantitativos, trazer informações que possam servir como reflexão.

Atividade 2

Apresentar os dados da *Pesquisa de emprego e desemprego*, realizada pelo Departamento Intersindical de Estatística e Estudos Socioeconômicos (2015), que contém tabelas e gráficos que mostram as desigualdades no acesso ao trabalho e à renda de cinco regiões metropolitanas brasileiras, considerando variáveis de gênero e etnia. Um debate importante acerca dos dados pode ser incentivado por meio da explicação sobre a metodologia da pesquisa, distinguindo os conceitos de desempregado, ocupado, rendimento do trabalho e população economicamente ativa.

Metodologia da pesquisa: Disponível em: <http://www.dieese.org.br/metodologia/metodologiaPed.html>. Acesso em: 28 dez. 2017.

Sugerimos, ainda, a utilização dos dois gráficos seguintes para análise e discussão das desigualdades que se sobrepõem em determinadas parcelas da população brasileira. Porém, a escolha de quais dados vão ser analisados na atividade depende da escolha do professor, que pode, com base em questões mais significativas levantadas pelos estudantes durante a primeira atividade, direcionar o tema dos dados em análise. Nossa escolha busca destacar a relação entre ocupação/renda e gênero/etnia. Para tanto, propomos que os alunos analisem os gráficos em grupos e se apoiem em questões que os auxiliem a interpretar a informação e estabelecer relações. Indicamos a distribuição de gráficos e conceitos utilizados na pesquisa junto com as questões.

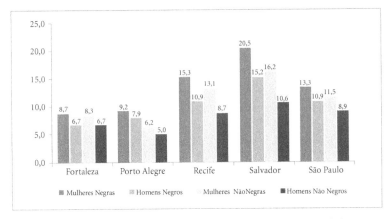

Gráfico 6.1 – *Taxas de desemprego por raça/cor e sexo, em (%). Regiões Metropolitanas (2014).*

Fonte: adaptado de Convênio DIEESE/SEADE, MTE/FAT e Convênios Regionais. PED – Pesquisa de Emprego e Desemprego.

Desempregados são indivíduos que se encontram em uma situação involuntária de não trabalho, por falta de oportunidade, ou que exercem trabalhos irregulares com desejo de mudança. Essas pessoas são desagregadas em três tipos de desemprego:

- *desemprego aberto*: pessoas que procuraram trabalho de maneira efetiva nos trinta dias anteriores ao da entrevista e não exerceram nenhum trabalho nos sete últimos dias;
- *desemprego oculto pelo trabalho precário*: pessoas que realizam trabalhos precários – algum trabalho remunerado ocasional de auto-ocupação – ou pessoas que realizam trabalho não remunerado em ajuda a negócios de parentes e que procuraram mudar de trabalho nos trinta dias anteriores ao da entrevista, ou pessoas que, não tendo procurado trabalho nesse período, o fizeram sem êxito até doze meses atrás;
- *desemprego oculto pelo desalento*: pessoas que não possuem trabalho nem procuraram nos últimos trinta dias

anteriores ao da entrevista, por desestímulo do mercado de trabalho ou por circunstâncias fortuitas, mas que procuraram de forma efetiva trabalho nos últimos doze meses.

Fonte: adaptado de Departamento Intersindical de Estatística e Estudos Socioeconômicos, 2015.

1. O gráfico apresenta taxas de desemprego em quatro grupos populacionais, em cinco regiões metropolitanas, no ano de 2014. O que a pesquisa considera como desemprego? O que vocês pensam dessa classificação? É adequada? Por quê?

2. Quais os grupos com maior e menor taxa de desemprego? A que atribuem essa desigualdade?

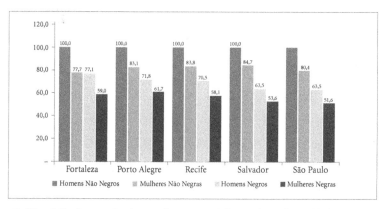

Gráfico 6.2 – *Proporção dos rendimentos médios reais por hora (1) dos ocupados (2), por raça/cor e sexo, em (%), em relação aos rendimentos médios reais dos homens não negros. Regiões Metropolitanas (2014).*

Fonte: adaptado de Convênio DIEESE/SEADE, MTE/FAT e Convênios Regionais. PED – Pesquisa de Emprego e Desemprego.
(1) Inflatores utilizados: INPC-RMF/IBGE; IPC-IEPE; INPC-RMR/IBGE; IPC-SEI/BA; e, ICV/DIEESE.
(2) Exclusive os assalariados e os empregados domésticos mensalistas que não tiveram remuneração no mês, os trabalhadores familiares sem remuneração salarial e os empregados que receberam exclusivamente em espécie ou benefício.

Ocupados são os indivíduos que, nos sete dias anteriores ao da entrevista, possuíam trabalho remunerado exercido regularmente, com ou sem procura de trabalho; aqueles que, nesse período, tinham trabalho remunerado exercido de forma irregular, desde que não tivessem procurado trabalho diferente do atual; ou que possuíam trabalho não remunerado de ajuda em negócios de parentes ou remunerado em espécie/benefício, sem procura de trabalho.

* Excluem-se as pessoas que, nos últimos sete dias, realizaram algum trabalho de forma excepcional.

Fonte: adaptado de Departamento Intersindical de Estatística e Estudos Socioeconômicos, 2015.

* Excluem-se as pessoas que, nos últimos sete dias, realizaram algum trabalho de forma excepcional.

Fonte: adaptado de Departamento Intersindical de Estatística e Estudos Socioeconômicos, 2015.

1. O gráfico 6.1 apresenta a proporção de rendimentos médios por hora, em 2014, entre os mesmos quatro grupos populacionais do gráfico 6.2 e nas mesmas regiões metropolitanas. Os rendimentos de três grupos têm como parâmetro o rendimento (100%) de homens não negros. Por quê?

2. Segundo o gráfico, quais são os grupos que recebem menos? A quais fatores vocês atribuem essa desigualdade?

3. Há alguma alteração entre o lugar que os quatro grupos ocupam no gráfico de taxa de desemprego e no gráfico de rendimento médio? Vocês têm alguma hipótese?

Atividade 3

A análise dos dados dos grupos e o levantamento das hipóteses são fundamentais para que o professor possa, com base no debate gerado pela exposição dos grupos, trazer novos elementos a fim de explicar a dinâmica da desigualdade no Brasil contemporâneo, desnaturalizando-a. Agora, é possível comparar as análises dos grupos e buscar confluências, divergências e diferentes hipóteses. Com esse rico exercício, as pesquisas deixam de ser meros números e passam a ser compreendidas como uma produção com potencialidades e limites.

Atividade 4

Com base na análise dos dados, os estudantes podem realizar a atividade consultando *sites* de divulgação de pesquisas sobre desigualdade e sobre temas diversos, como educação, juventude, violência, gênero, etnia etc. É importante que sejam elaboradas questões claras acerca do que se busca conhecer, para evitar que os alunos se percam em um emaranhado de dados e tabelas que podem dificultar a pesquisa, em vez de informar e esclarecer. O trabalho em grupos é recomendado para que possam trocar informações e constituir um coletivo de pesquisa cujo problema seja compartilhado. Pode-se estimular que a exposição dos resultados seja realizada por meio da apresentação das informações em gráficos e tabelas de diversos formatos. Além de *sites* temáticos organizados pela sociedade em geral e *blogs*, sugerimos os seguintes: Instituto Brasileiro de Geografia e Estatística (http://www.ibge.gov.br/home/); Instituto de Pesquisa Econômica Aplicada (http://www.ipea.gov.br/portal/); Departamento Intersindical de Estatística e Estudos Socioeconômicos (http://www.dieese.org.br/).

Atividade 5

A síntese deste processo de pesquisa e compreensão da estratificação e da desigualdade no Brasil pode ser criativa e bastante instigante. Há algum tempo, sobretudo nas periferias e nos centros das grandes cidades, têm sido realizadas batalhas de poesia falada, também chamadas *slams*. Geralmente em espaços abertos e públicos, como praças e ruas, no *slam*, cada poeta tem um tempo para declamar sua poesia com ritmo, vocabulário e expressão própria, que vai ser avaliada por um júri popular escolhido entre os presentes. Essa prática artística já tem aparecido em escolas no Brasil, e você pode experimentar também. Veja algumas dicas nestes *sites*: O Menelick 2º Ato (http://omenelick2ato.com/poesia/poetry-slam/), Vaidapé (http://vaidape.com.br/2015/03/123--slam-da-guilhermina-batalha-de-poesias-completa-tres-anos--na-zona-leste/) e Slam Poesia (http://slampoesia.blogspot.com.br/2008/06/as-regras-do-slam-poesia.html). Também é possível buscar na internet por *poetry slam* e encontrar uma série de vídeos e perfis nos quais é possível buscar referências para propor a seus alunos um *slam* sobre o tema estudado. Que tal?

REFERÊNCIAS

ANTUNES, R. (Org.). **Riqueza e miséria do trabalho no Brasil II**. São Paulo: Boitempo, 2013.

_____. **Riqueza e miséria do trabalho no Brasil III**. São Paulo: Boitempo, 2014.

BARBOSA, A. de F. **O Brasil real:** a desigualdade para além dos indicadores. São Paulo: Outras Expressões, 2012.

BRASIL. **Parâmetros Curriculares Nacionais**: Língua Portuguesa, Ensino Fundamental, terceiro e quarto ciclos. Brasília: MEC/SEF, 1998.

CORROCHANO, M. C.; FERREIRA, M. I. C.; FREITAS, M. V. de; SOUZA, R. **Jovens e trabalho no Brasil:** desigualdades e desafios para as políticas públicas. São Paulo: Ação Educativa/Instituto ibi, 2008. Disponível em: <http://acaoeducativa.org.br/wp-content/uploads/2016/10/Jovens_trabalho_Brasil.pdf>. Acesso em: 28 dez. 2017.

DEPARTAMENTO INTERSINDICAL DE ESTATÍSTICA E ESTUDOS SOCIOECONÔMICOS (DIEESE). **Pesquisa de emprego e desemprego (PED):** os negros nos mercados de trabalho metropolitanos. São Paulo: Dieese, 2015. Disponível em: <https://www.dieese.org.br/analiseped/2015/2015pednegrossintmet.pdf>. Acesso em: 28 dez. 2017.

LIMA, A. M. de S.; SILVA, I. L. F.; REZENDE, M. J. (Org.). **As persistentes desigualdades brasileiras como temas para o Ensino Médio**. Londrina: Eduel, 2011.

NOVAES, R. N.; VANNUCHI, P. (Org.). **Juventude e sociedade:** trabalho, educação, cultura e participação. São Paulo: Fundação Perseu Abramo, 2004.

POCHMANN, M. **Desigualdade econômica no Brasil**. São Paulo: Ideias & Letras, 2015.

UNIVERSIDADE FEDERAL DE MINAS GERAIS (UFMG). **Observatório da Juventude**. Belo Horizonte: UFMG/Faculdade de Educação, 2013. Disponível em: <http://observatoriodajuventude.ufmg.br/>. Acesso em: 28 dez. 2017.

7

Cultura

Tratar da cultura nas aulas de Sociologia é sempre difícil aos professores, pois o tema é tão amplo e diverso que enveredar por uma abordagem significa abrir mão de outra, já que não é possível examinar toda a gama de possibilidades que essa temática oferece. Isso porque a antropologia, como uma área de conhecimento, constrói-se com base em uma ciência que toma a vida humana como objeto de estudo, não apoiada em sua biologia, mas em questionamentos de unidade e diversidade entre os grupos humanos. A desumanização do diferente apresentou-se na história humana de formas variadas. Ainda que na Grécia Antiga os não gregos fossem os "bárbaros", com a descoberta do "Novo Mundo" (novo para quem?) a visão etnocêntrica tornou-se um mecanismo de dominação em grandes proporções.

O debate sobre unidade e diversidade de grupos humanos ganha importância fundamental nas ciências sociais, e a antropologia vai se desenvolver baseada na compreensão da cultura ou das culturas, a depender da construção epistemológica adotada. É a busca pela definição do humano em sua singularidade ou, justamente, em sua diversidade que intriga e move essa disciplina, que entende a cultura como categoria fundante.

Neste capítulo, optamos por discutir a cultura como elemento de humanização que une e distingue, causando silêncios e tensões decorrentes da hierarquização pela desigualdade entre os grupos sociais.

Ao pensar a cultura em sentido geral, a questão que nos move é: o que é o homem? Somos seres naturais, finitos em nosso corpo e ciclo de vida. No entanto, não é a forma natural que nos define, nem uma distinção biológica em relação a nossos parentes próximos na evolução. Não é algo, mas um processo de autocriação que não é natural, pois é histórico. O homem passa a criar uma forma humana de vida com base em uma forma específica de produzir os meios de viver. Seguindo suas necessidades, começa a produzir os meios para satisfazer a si, individual e coletivamente, como uma atividade vital humana (DUARTE, 1999, p. 66). Assim, a cultura é o processo e seus resultados de apropriação das formas e significados da produção humana, como língua, técnicas, instrumentos, sociabilidade, entre outros, produzindo-se na humanidade à medida que cada indivíduo se apropria dela.

A cultura, portanto, apresenta-se nas relações e nos objetos de cultura, aos quais os homens dão significação no tempo e no espaço. Para um povo indígena, um arco é um instrumento de caça, que se "transforma" em objeto de decoração nos centros urbanos; embora o objeto seja o mesmo, tem diferentes significações ainda que fisicamente tenha os mesmos atributos. Apenas é possível que o mesmo arco tenha significado e função em dois grupos sociais diferentes porque essas características são compartilhadas de forma diversa por ambos os grupos. Um citadino não pode caçar na cidade com seu arco, tampouco o indígena pode enfeitar sua morada com esse objeto.

Ainda que possamos falar de cultura como algo único, como explicar a diversidade nos grupos humanos? Nas palavras de Dermeval Saviani:

> *A essência da cultura consiste, pois, no processo de produção, conservação e reprodução de instrumentos, ideias e técnicas. É isto que permite que o mesmo termo seja aplicado a diferentes manifestações como ocorre, por exemplo, nas expressões "cultura chinesa", "cultura indígena" e "cultura ocidental". Em quaisquer dos casos pode-se detectar a existência de instrumentos, ideias e técnicas. Em contrapartida, o que diferencia uma cultura de outra é a direção seguida pelo processo cultural; é em suma, o tipo, as características de que se revestem os instrumentos, ideias e técnicas. Como produtos do existir do homem, esses elementos fundamentais se entrelaçam constituindo uma rede de relações, de significações, de valores que determinam ao mesmo tempo que são determinados pelos modos de agir e pensar dos homens. (1985, p. 123)*

Desse modo, o humano se dá na cultura, partilhada no contato humano, na construção da vida consciente de sua produção do trabalho e da própria cultura, aprofundando-se por meio da linguagem, da comunicação, que permite uma interação ampla e aberta entre os seres humanos. A educação em sentido amplo é justamente a apreensão e o domínio da cultura, da realidade social e humana; são os conhecimentos social e historicamente produzidos que os homens aprendem com seus pares.

A pergunta que surge é: qual a origem das diferenças culturais entre grupos? Ao produzir sua vida de modo diferente, os grupos humanos divergem entre si, gerando também a desigualdade. Se a cultura se forma pelas relações de troca, as diferenças culturais aparecem na construção da distinção e hierarquização dessas diferenças.

O etnocentrismo é uma dessas formas de hierarquização cultural em que o próprio grupo cultural é tomado como referência que baliza a avaliação de outros grupos segundo os significados daquele que é autorreferenciado. É por meio do etnocentrismo que se reforça a noção de "eu" ou "nós" e de "eles" ou "outros", julgando diferenças culturais como desvios, erros, absurdos, esquisitices etc. Com a separação entre nós e outros, é possível criar parâmetros de julgamento que sempre levam em consideração nossos valores e ideias para analisar o outro. De modo concomitante, surge a diferenciação, a inferiorização e o silenciamento, ao considerar que a cultura diferente da nossa é "primitiva", "atrasada", "exótica", "subdesenvolvida", isto é, inferior, menor e menos importante. O etnocentrismo pauta-se pela visão que o outro tem de valores *do nós*. Assim, não há espaço para conhecer o outro por ele mesmo, segundo seus valores, sua história, sua cultura. É a negação da autonomia necessária para que o grupo possa falar por si e expressar suas formas diferentes de construção das relações culturais.

É bastante comum o etnocentrismo observar a variedade de etnias indígenas como um todo único, conhecido como "os índios brasileiros" e suas formas "exóticas" de vida. No entanto, quando um povo é integrado à vida urbana, por exemplo, diz-se que "não são mais índios" por se vestirem como não indígenas, utilizarem carros ou motos e estudarem em universidades. Estigmatiza-se o indígena e nega-se a ele a possibilidade de viver sua dinâmica cultural, com mudanças e transformações que são vividas em todas as sociedades. Isso porque espera-se que permaneça em uma forma de vida cultural que é, na verdade, um estigma, pois toda cultura é dinâmica e desenvolve-se com trocas e relações diversas e conflituosas.

Um trabalho que pode ser desenvolvido por meio de um interessante debate com os estudantes é referente ao livro didático. Por sua natureza e objetivos, um lugar de autoridade e não é incomum encontrar essa visão etnocêntrica e estática da cultura ao tratar do indígena brasileiro. Primeiramente, surge como um ser selvagem, descoberto apenas com a chegada dos europeus a terras americanas. Depois, é retratado como inocente, infantil, desprotegido, alguém que precisava da catequização para ser inserido na sociedade que se formava. E, por último, ao apresentar a formação do povo brasileiro, os livros exaltam os povos indígenas como altivos e corajosos, já que o Brasil não poderia ser formado por indivíduos infantis ou selvagens (ROCHA, 1988).

A postura etnocêntrica é um traço muito comum em comunidades com pessoas de outras nacionalidades que não a brasileira, como escolas multiétnicas com a presença de bolivianos, peruanos, haitianos, angolanos, entre outras nacionalidades e etnias. Abordar, com base na prática social inicial, os valores que circundam os "outros" entre nós é um exercício importante de desvelamento das hierarquizações, que se reforçam com a reprodução das desigualdades em âmbito econômico, político e cultural.

Encarar a diversidade cultural buscando superar a visão etnocêntrica é papel do relativismo cultural, que procura entender concepções e valores das sociedades e grupos não com base em nossas referências, mas considerando a complexa teia de relações que se desenvolveu historicamente no interior daquela forma cultural. É uma mudança na perspectiva de compreensão do diferente, pois não é mais segundo nossas marcas e significações, mas de acordo com a vivência e a construção simbólica do outro sobre si mesmo.

Mais do que aceitar as diferenças e exercitar a tolerância, trata-se de compreender toda uma rede de relações e um processo de constituição de significados diversos dos nossos e que não são hierarquizados, mas vistos em sua singularidade histórica. É o reconhecimento da existência, da experiência e da construção cultural de outro que é diverso, mas não inferior a qualquer outra cultura. Significa a busca por reconhecimento da alteridade, que exige que a diferença seja reconhecida e que, além disso, tenta posicionar-se no conjunto complexo de significações do outro apoiadas em seus valores, princípios e comportamentos.

Um posicionamento diferente do sujeito frente ao outro só é possível se acompanhado do movimento de estranhamento. Olhar pelos olhos alheios e deixar-se admirar pelo que não podia ver antes em função do desconhecimento; incomodar-se e, ao mesmo tempo, aproximar-se para conhecer mais e melhor. Essa postura de não rechaçar o desconhecido, mas, ao contrário, deixar-se penetrar pelo que não é costumeiro, pelo inédito, pela curiosidade diante do diverso é fundamental no trabalho antropológico e também basilar no ensino das ciências sociais. Esse diálogo entre a antropologia e o ensino instiga os estudantes a mudar de posição e mover-se diante do incômodo gerado em direção ao conhecimento comprometido.

Não podemos esquecer, porém, que estamos tratando de diferenças culturais, de grupos e sociedades que estão atravessadas por relações de dominação que se constituíram historicamente pelo processo de exploração e da luta de classes. Em primeiro lugar, é preciso lembrar que há nas sociedades capitalistas, como já discutimos em outros capítulos, relações de exploração e dominação que operam entre as classes.

Para Denys Cuche:

Pode-se observar frequentemente defasagens entre os efeitos (ou contra-efeitos) da dominação cultural e os efeitos da dominação social. Uma cultura dominante não pode se impor totalmente a uma cultura dominada como um grupo pode fazê-lo em relação a um outro grupo mais fraco. A dominação cultural nunca é total e definitivamente garantida e por esta razão, ela deve sempre ser acompanhada de um trabalho para inculcar esta dominação cujos efeitos não são jamais unívocos; eles são às vezes "efeitos perversos", contrários às expectativas dos dominantes, pois sofrer a dominação não significa necessariamente aceitá-la. (2002, p. 146)

Se podemos afirmar que há diferenças culturais, em sociedades desiguais, elas podem resultar em preconceito, discriminação e segregação social, baseados em uma visão de superioridade cultural que, embora não negue as diferenças, as identificam como "a origem do mal" social. É o que se viu com os judeus e o nazismo, com os negros e o *apartheid* na África do Sul, com a segregação racial nos Estados Unidos, exemplos mais evidentes. Contudo, também podemos considerar o racismo no Brasil e o anti-indigenismo em países da América Latina.

Neste capítulo, propomos pensar a relação da cultura como produção humana e a diversidade dos grupos humanos, considerando a dinâmica da construção de desigualdades derivada de uma sociedade dividida em classes, em que a exploração e a dominação apresentam-se em suas formas econômicas, políticas e culturais. Colocar os estudantes em situações propícias ao exercício do estranhamento é um convite a pensar a cultura como parte da vida cotidiana e a história como parte da humanidade. Ao mesmo tempo, os alunos são instigados a entender que se movem em grupos que estão em determinadas posições sociais que agem de forma política e cultural nos conflitos da sociedade da qual fazem parte. Esse é o convite que fazemos e que buscamos desenvolver com a atividade a seguir.

7.1 INTERVENÇÃO DIDÁTICA: INDÍGENA É TUDO IGUAL?

O cinema é um recurso didático subaproveitado em sala de aula, sendo utilizado muitas vezes como "tapa-buraco" ou mera "ilustração" (NAPOLITANO, 2003). No primeiro caso, a exibição de um filme serve para preencher um espaço vazio deixado no programa ou para compensar a ausência de um professor. Para tratar a questão da diversidade cultural, a utilização de imagens (fotografias, filmes etc.) torna-se imprescindível, já que possibilita desconstruir estereótipos e ampliar o horizonte da percepção dos outros e de si mesmo. Para este capítulo, propomos um trabalho com o documentário *A arca dos Zo'é* (CARELLI; GALLOIS, 1993).

7.1.1 Descrição da atividade e dos objetivos

Em *A arca dos Zo'é*, os diretores, dois antropólogos franceses, propiciam o encontro entre duas sociedades indígenas geograficamente distantes: os Waiãpi, do noroeste do Pará, e os Zo'é, do Amapá. Trata-se de um recurso bastante rico para se trabalhar alguns conceitos introdutórios da antropologia como estranhamento, alteridade, relativismo cultural e etnocentrismo. No documentário, os Waiãpi, que conheciam os Zo'é somente por vídeos, vão a sua aldeia para filmá-los. A surpresa do encontro entre ambos os povos choca o expectador habituado com a ideia de que "índio é tudo igual". A partir daí, ao longo das cenas, a noção de homogeneidade cultural vai cedendo lugar à de diversidade. Esse deslocamento propiciado pelo filme pode ser um excelente mote para o professor interessado em estimular a percepção de seus alunos sobre diferentes pontos de vista culturais; é uma ferramenta necessária para a construção do "olhar antropológico".

7.1.2 Desenvolvimento da atividade

Sugerimos os seguintes passos para desenvolver esta atividade:

1º passo

Incentive um debate com os alunos apoiado nas seguintes questões disparadoras:

- O que é ser indígena?

- Indígena é tudo igual?

- Os indígenas brasileiros vivem da mesma forma como há quinhentos anos?

A ideia do debate é mapear as noções de senso comum dos alunos para, em seguida, problematizá-las com o auxílio do documentário.

2º passo

Exiba o documentário *A arca dos Zo'é*. A seguir, algumas dicas para melhor aproveitar esta etapa:

- Prepare previamente um roteiro de questões que vão orientar o debate antes e depois da exibição do filme.

- Entregue aos alunos orientações sobre o que devem observar no filme.

- Durante a exibição, procure prestar atenção nas reações dos estudantes (repulsa, surpresa, comoção etc.). Essas sensações são importantes como sinais de processos de estranhamento e desnaturalização a serem mobilizados nas atividades seguintes.

- Procure não interromper a exibição do filme, a menos que fique evidente que alguma passagem tenha atrapalhado o entendimento dos estudantes.

- Selecione trechos que devam ser revistos para uma melhor compreensão de conceitos a serem trabalhados após a primeira exibição.

3º passo

Para utilizar o cinema em sala de aula, é necessário que o professor faça um trabalho prévio e posterior a sua exibição. Porém, aqui há dois caminhos possíveis: o filme pode ser um ponto de partida para o tratamento de determinados conceitos ou uma ferramenta para sua retomada e aprofundamento. De qualquer forma, não se pode perder de vista o trabalho teórico e conceitual sobre ele e sobre qualquer recurso. Propomos, então, que o professor elabore um roteiro de questões para os alunos. Sugerimos, a seguir, algumas questões a serem abordadas:

- Estamos habituados à noção de que indígena "é tudo igual". De que forma o documentário *A arca dos Zo'é* contribui para desmistificar essa ideia? Mobilize os conceitos de *estranhamento* e *alteridade* em sua resposta.

- Destaque passagens do documentário em que um dos protagonistas, membro da sociedade Waiãpi, demonstra uma atitude marcada pelo *etnocentrismo*. Justifique.

- Em diversas cenas, o documentário contrapõe o isolamento cultural dos Zo'é à incorporação de diversos elementos da cultura do homem branco e da cultura urbana pelos Waiãpi. Explique por que, na visão dos diretores, ambas as sociedades podem ser definidas como indígenas.

REFERÊNCIAS

A ARCA dos Zo'é. Direção: Vincent Carelli, Dominique Tilkin Gallois. Roteiro: Vincent Carelli. Fotografia: Vincent Carelli. Som: Dominique Tilkin Gallois. Edição: Tutu Nunes. [S.l.]: Vídeo nas Aldeias, 1993 (22 min). Disponível em: <https://www.youtube.com/watch?v=Avaez4TlXAI>. Acesso em: 28 dez. 2017.

CUCHE, D. **A noção de cultura nas ciências sociais**. 2. ed. Bauru: Edusc, 2002.

DUARTE, N. **A individualidade para-si:** contribuição para uma teoria histórico-social da formação do indivíduo. 2. ed. Campinas: Autores Associados, 1999.

FIGUEIREDO, N.; GUIMARÃES, S. G. (Org.). **Materiais didáticos e paradidáticos indígenas**. Brasília, DF: Ministério da Educação/Secretaria de Educação Continuada, Alfabetização e Diversidade/Comissão Nacional de Apoio a Produção de Materiais Didáticos Indígenas, jun. 2008. Disponível em: <http://portal.mec.gov.br/secad/arquivos/pdf/indigena/didatico_indigena.pdf>. Acesso em: 28 dez. 2017.

LUCIANO, G. dos S. **O índio brasileiro:** o que você precisa saber sobre os povos indígenas no Brasil de hoje. Brasília, DF: Ministério da Educação/Secretaria de Educação Continuada, Alfabetização e Diversidade/LACED/Museu Nacional, 2006. Disponível em: <http://unesdoc.unesco.org/images/0015/001545/154565por.pdf>. Acesso em: 28 dez. 2017.

NAPOLITANO, M. **Como usar o cinema em sala de aula**. São Paulo: Contexto, 2003.

ROCHA, E. P. G. **O que é etnocentrismo**. São Paulo: Brasiliense, 1988.

SAVIANI, D. **Educação:** do senso comum à consciência filosófica. São Paulo: Cortez/Autores Associados, 1985.

8

Ideologia ou ideologias?

8.1 A IDEOLOGIA COMO CONSTRUÇÃO HISTÓRICA E MATERIAL

Um dos desafios que os docentes enfrentam nas aulas de Sociologia é debater alguns temas de forma que a opinião dos estudantes não seja o único elemento a ser considerado. É uma grande dificuldade construir outra forma de diálogo e confronto de ideias quando os alunos têm, ao longo de sua vida escolar, reforçadas as verdades científicas como únicas possíveis, pelo simples fato de serem (ditas) científicas. Também dificultam a troca de ideias os "debates" que têm como único fundamento exibir diferentes opiniões sobre, por exemplo, a legalização do aborto, a descriminalização das drogas, o direito de greve e a livre manifestação, entre outros.

Essa dificuldade é redobrada quando o tema é ideologia. Isso porque já é parte do senso comum afirmar que "todos temos alguma ideologia", o que transformaria o tema em estudo. Trata-se de um argumento para que quaisquer considerações acerca do tema sejam acatadas por serem, afinal de contas, "uma forma de ideologia", tida aqui como sinônimo de ideia. A questão da ideologia é difícil, complexa, multideterminada. Por conta, inclusive, de seus aspectos ideológicos que envolvem a própria ideologia, seu estudo tem tomado tempo dos autores e preenchido muitas páginas. O filósofo e crítico literário Terry Eagleton, em seu livro *Ideologia*, elenca nada menos que catorze definições de ideologia (!), que tanto podem se contrapor uma a outra como podem ser complementares.

Há, no entanto, dois sentidos que são mais comuns ao abordar a ideologia. O primeiro é o que faz da ideologia uma percepção inadequada da realidade, como uma distorção, uma ilusão, uma inverdade, como, por exemplo, quando afirmamos "isso não é como você está falando, isso é só ideologia!". Há uma desqualificação, um sentido negativo no termo, denunciando uma lacuna, algo inverídico. O segundo sentido expressa uma concepção que orienta as ações das pessoas, que dirige determinada função das ideias na vida social. É o que diz a música "Ideologia", de Cazuza: "Ideologia, eu quero uma pra viver", pois assim poderia viver segundo sua ideologia.

Esses dois sentidos encobrem uma noção individual de ideologia, algo como um conjunto de crenças, isto é, formas de pensar que levam a determinados comportamentos manifestados na ação, mas que têm sua origem no modo como um indivíduo pensa. Nossa proposta, neste capítulo, é bastante diversa dessas formulações, pois consideramos que a ideologia deve ser compreendida na dinâmica da história das relações sociais que produzem a existência humana em sua totalidade e, mais especificamente, no capitalismo. Assim, para compreender a existência e a efetividade da ideologia, precisamos entender que a produção das ideias se dá de acordo com as condições sociais e históricas nas quais a humanidade produz a si mesma. O que nos leva às seguintes questões: como uma realidade é produzida pelas relações sociais? Como aparece aos homens que a produzem? O que faz a dinâmica social aparecer dessa e não de outra forma àqueles que a produzem? A essas perguntas, respondemos considerando historicamente o capitalismo como sistema de produção da vida material e das condições de existência, o que inclui a moral, as ideias, o comportamento.

Há três contradições fundamentais que condicionam as formas de manifestação da ideologia no capitalismo.

A primeira é a produção dos bens materiais por um grupo que não detém a propriedade dos bens utilizados para a produção, tampouco usufrui da posse de seus resultados. O trabalho humano, então, resume-se à força de trabalho como constituinte do capital, e "confirma-se, nesse caso, a realidade do estranhamento do trabalhador do produto de seu trabalho como algo alheio a ele, que se lhe defronta como um poder hostil" (RANIERI, 2006, p. 1). Ao mesmo tempo que a burguesia, como detentora dos meios de produção, apropria-se do resultado do trabalho alheio em forma de capital, o trabalhador é expropriado de seu próprio trabalho e de sua produção, ou seja, os produtos do trabalho, agora mercadorias lançadas. É essa separação socioeconômica e política existente entre as classes. Embora todas as mercadorias trocadas no mercado tenham sido resultado de relações sociais, entre pessoas em determinada divisão social do trabalho, a relação aparece a essas mesmas pessoas como relações entre coisas – troca de dinheiro por mercadoria e de mercadoria por dinheiro –, como uma relação dissociada da produção do mundo pela própria humanidade. Embora o cerne das relações sociais se dê na produção, com a expropriação do trabalho da maior parte da população (os trabalhadores) por outra (a burguesia), relação fundada na exploração, é a troca de força de trabalho por salário que aparece no âmbito da circulação e do consumo, como uma troca entre iguais.

Outra contradição que forja a construção da ideologia é a separação entre trabalho material e trabalho intelectual. Quando uma forma de divisão social do trabalho se estabiliza – a forma de produção da existência, as formas de propriedade e de intercâmbio, a formação das instituições privadas e públicas, as ideias que surgem dessas relações –, as relações passam a ser naturalizadas, como uma conformação fixa e não mais como produção humana e, portanto, social e histórica. A divisão social entre aqueles que "fazem" e aqueles que "pensam" e as desigualdades decorrentes da aceitação dessa "realidade" como dada são fundantes na construção ideológica da separação entre mundo material e mundo das ideias. Daí ser possível que as ideias pareçam em contradição com a realidade porque aparentam estar separadas do mundo que explicam, inclusive por ser elaboradas por uma parcela da sociedade – cientistas, filósofos, escritores etc. Surge, assim, uma suposta autonomia das ideias em relação à materialidade da vida e das relações. Já não é tão gasta a expressão "na prática a teoria é outra", para mostrar que o mundo material e das ideias estão sempre deslocados? Constata-se que o que está na lei é efetivado, visto como uma contradição entre lei e sociedade, quando a contradição é da própria realidade, que permanece oculta.

Se a divisão social do trabalho e a distinção entre trabalho manual e intelectual são ideológicas pela separação dos sujeitos sociais, a contradição entre as classes sociais e o Estado se dá justamente pela aparente unidade dos interesses de todos no aparelho estatal e em suas formas de manifestação (leis, instituições etc.). Em uma sociedade dividida em classes, na qual há propriedade privada dos meios de produção e apropriação do trabalho de uma classe por outra, o Estado aparece como instituição acima desses conflitos, que, por sua vez, aparecem à sociedade como conflitos entre interesses individuais e/ou divergências de opiniões. O Estado materializa exatamente a noção da existência de um interesse geral, acima dos interesses particulares, como um poder social distinto das relações de conflitos individuais, como uma instituição unitária e reguladora do social. Por isso, as divisões entre classes desaparecem ao transformar proprietários e não proprietários, burgueses e operários, todos em cidadãos, iguais perante a lei e o Estado.

Em resumo claríssimo, Friedrich Engels nos explica que o Estado:

> *nasceu da necessidade de conter o antagonismo das classes, e como, ao mesmo tempo, nasceu em meio ao conflito delas, é, por regra geral, o Estado da classe mais poderosa, da classe economicamente dominante, classe que, por intermédio dele, se converte também em classe politicamente dominante e adquire novos meios para a repressão e exploração da classe oprimida. (1982, p. 193)*

Essas formas ideológicas apresentam a suposta autonomia das ideias em relação à produção material da existência e a suposta autonomia do Estado segundo os interesses de classe, pois ambos aparecem como ideias gerais e direitos de todos. Como mostram Karl Marx e Engels em *A ideologia alemã*:

> *Os homens são os produtores de suas representações, de suas ideias e assim por diante, mas os homens reais, ativos, tal como são condicionados por um determinado desenvolvimento de suas forças produtivas e pelo intercâmbio que a ele corresponde, até chegar às suas formações mais desenvolvidas. A consciência [Bewusstsein] não pode jamais ser outra coisa do que o ser consciente [bewusste Sein], e o ser dos homens é o ser processo de vida real. Se, em toda ideologia, os homens e suas relações aparecem de cabeça para baixo como numa câmara escura, este fenômeno resulta de seu processo histórico de vida, da mesma forma como a inversão dos objetos na retina resulta de seu processo de vida imediatamente físico. (2007, p. 94)*

8.2 A CONSTRUÇÃO IDEOLÓGICA COMO INSTRUMENTO NA LUTA DE CLASSES

É importante sublinhar que a ideologia não é um engano, uma mentira, uma dissimulação. As ideologias não operam socialmente enquanto tal se não estiverem, em alguma medida, em consonância com a experiência das pessoas. Se não se ajusta em nada com a realidade social, vão ser ignoradas, desprezadas, sendo, portanto, inúteis na construção de uma concepção de mundo ativa socialmente.

Como vimos, Marx e Engels destacam a inter-relação entre as esferas da vida social. Argumentam que, ainda que as ideias não determinem a realidade, são forças ativas em sua manutenção e/ou transformação, como chama a atenção Eagleton:

> *As ideias podem ser consideradas ideológicas porque negam suas raízes na vida social com efeitos politicamente opressivos; ou podem ser ideológicas exatamente pela razão oposta – por serem expressões diretas de interesses materiais, instrumentos reais na guerra entre as classes. (1997, p. 78-79)*

Se a ideologia é parte do enfrentamento que as classes realizam socialmente, levanta-se a questão: há uma só ideologia ou há ideologias?

A ideologia está ligada à construção histórica de uma época em que as forças sociais agem, e as ideias, como forma e intervenção direta na realidade, são parte dessa materialidade. Antonio Gramsci foi um dos estudiosos que dedicou boa parte de sua obra a compreender como as ideias são agentes na luta de classes. Para ele, as ideologias são concepções de mundo inextricavelmente relacionadas à materialidade da vida e suas formas políticas. Por isso, as ideologias não são ideias que sucedem outras ideias, mas múltiplas e contraditórias porque são construídas e mantidas como parte das relações entre as classes e seus grupos. Desse modo, são:

> *contrastes mais profundos de ordem histórico-social. [...] Significa que um grupo social, que tem uma concepção de mundo, sua, própria, ainda que embrionária, que se manifesta na ação, [...] ocasionalmente, [...] tomou, por razões de submissão e subordinação intelectual, uma concepção não sua, por empréstimo de outro grupo (GRAMSCI, 1978 p. 16).*

Sendo assim, cada grupo social pode construir com autonomia uma concepção que oriente sua prática e cimente a formação de um sujeito coletivo atuante com valores éticos e políticos baseados em conflitos sociais de cada época.

Fica claro que a ideologia não é, em nenhum caso, uma opção individual, mas uma construção coletiva, histórica e que, por isso, também opera no nível das individualidades. Consideramos ser esse um enfoque interessante para a abordagem do conceito, ou seja, mostrar como as ideologias fazem parte de nosso posicionamento diante da realidade, não sendo a soma do que pensa cada indivíduo, tampouco o resultado de uma "manipulação das consciências" por forças "ocultas" na sociedade.

8.3 INTERVENÇÃO DIDÁTICA: O QUE ACONTECEU? VERSÕES IDEOLÓGICAS DE UM ACONTECIMENTO

A construção ideológica é um processo que envolve, além dos indivíduos, grupos organizados e coletivos, que dão forma e sentido ao mundo e seus conflitos. A imprensa é um dos instrumentos que, ao produzir notícias, constrói formas de ver o mundo noticiado. Não se trata, como destacamos, de uma simples manipulação da verdade, e sim da construção de uma explicação sobre o mundo que contribui para a formação dos sujeitos e, dessa forma, para sua forma de pensar e se comportar. Nesta atividade, sugerimos que as notícias sejam analisadas em um contexto que possa explicar interesses, conflitos e intencionalidades que envolvem sua veiculação.

8.3.1 Descrição da atividade e dos objetivos

O objetivo desta intervenção é compreender a forma como as ideologias estão expressas socialmente e como contribuem para formar visões de mundo. Propomos que a leitura de texto e contexto seja um recurso primordial nesta atividade, pois a intenção é que os estudantes compreendam que os textos têm intencionalidades relacionadas à posição que os organismos da imprensa ocupam nas relações de poder na sociedade brasileira. Buscamos, portanto, que os alunos possam ler o texto, compreender o contexto e fazer relações com a construção ideológica das forças em conflito em determinado momento histórico.

1º passo

O professor deve apresentar duas reportagens elaboradas por canais de imprensa diferentes para discutir a tese e os argumentos de ambas. Pode-se realizar apenas o exercício de leitura textual do material jornalístico, de forma que os estudantes, em grupos, preencham uma ficha de análise textual em que sejam observados, por exemplo, os seguintes elementos:

- Qual é a notícia?

- Quem noticia?

- Qual é a ideia central da notícia?
- Quais são os envolvidos na notícia?
- O que a notícia critica e o que defende?

Sugerimos o uso da reportagem "Band cria falsa polêmica para inviabilizar feira do MST", de Igor Felippe, publicada no *site* de notícias Viomundo (texto 1), e da transcrição da reportagem que foi ao ar no *Jornal da Band*, da Rede Bandeirantes de Televisão, no dia 5 de maio de 2017 (texto 2). Ao fim da atividade, é importante que os grupos expliquem como chegaram a suas conclusões e verifiquem se há divergências entre as análises dos textos, construindo um quadro geral da análise.

Texto 1

Um espectro ronda São Paulo, a Feira Nacional da Reforma Agrária, por Igor Felippe Santos

A disputa de projetos para a agricultura brasileira se apresentou para a sociedade na realização na mesma semana de duas grandes feiras.

Na cidade de São Paulo, maior centro urbano do país, os acampados e assentados da reforma agrária, organizados pelo MST, promovem a 2ª Feira Nacional da Reforma Agrária.

Em Ribeirão Preto, berço do agronegócio no interior paulista, associações dos grandes latifundiários realizaram uma das maiores feiras do segmento, a 24ª Agrishow.

A feira da reforma agrária, que envolve mais de 800 camponeses e camponesas de 23 estados, comercializa 280 toneladas alimentos para os paulistanos: arroz, feijão, tomate, mandioca, cebola, banana, abacaxi, queijos, leite, mel, suco de uva, produzidos em pequenas propriedades, a maior parte sem a utilização de agrotóxicos.

O evento do agronegócio exibe inovações tecnológicas para a produção em latifúndios, como tratores, colheitadeiras, podadoras, trituradores, escavadeiras, aeronaves, pulverizadores, voltados para a produção em grandes propriedades voltados para exportação, como soja, milho, carnes, algodão e etanol.

Enquanto uma feira expõe a produção de famílias de trabalhadores rurais de todas as regiões do país, que conquistaram a terra em um programa público de reforma agrária, a outra exibe máquinas modernas fabricadas por grandes empresas privadas, inclusive estrangeiras.

Se uma tem como público-alvo pessoas comuns, famílias que vivem em São Paulo e querem comprar uma variedade de alimentos diretamente dos produtores, a segunda é voltada para médios e grandes empresários que pagam em torno de 30 reais de ingresso para conhecer as novidades tecnológicas para renovar seus bens de produção e sobreviver em um mercado altamente competitivo.

Independente do juízo de valor que qualquer um possa fazer em relação às mostras, o caráter público da feira da reforma agrária é mais do que evidente.

No entanto, o Jornal da Band, apresentado na noite desta sexta-feira (5/5), usa tom de denúncia para reportar a "polêmica" cessão de um parque público e acusa o apoio do governo municipal, estadual e federal à feira promovida por trabalhadores rurais que atuam no MST.

E logo em seguida, sem demonstrar nenhum constrangimento, apresenta uma "reportagem", na realidade uma propaganda explícita, da mostra de tecnologia do agronegócio.

A cessão de um parque público pelo governo estadual para uma feira aberta de camponeses de todo o país e o apoio institucional para a promoção da produção de assentados por meio do programa público de reforma agrária geram "polêmica" para a Band.

No entanto, não gera qualquer polêmica o governo federal, governo estadual e prefeitura de Ribeirão Preto bancarem a Agrishow, que atende interesses eminentemente privados e ainda cobra ingressos para a entrada.

Inclusive, não gera polêmica alguma o evento acontecer no chamado Centro da Cana, do Instituto Agronômico da Secretaria de Agricultura e Abastecimento do governo estadual (http://www.iac.sp.gov.br/areasdepesquisa/cana/).

Ou seja, o governo do estado atuou com isonomia e cedeu espaços públicos tanto para a feira dos assentados como para os latifundiários.

O procurador de Justiça Márcio Fernando Elias Rosa, secretário da Justiça e da Defesa da Cidadania de São Paulo, atuou de forma republicana. Já o secretário do Meio Ambiente, Ricardo Salles, indicado pelo PP e ex-diretor da Sociedade Rural Brasileira, agiu como cão de guarda dos segmentos mais reacionários do latifúndio.

A reportagem claramente encomendada da Band tem objetivos claros: queimar o secretário Marcio Fernando, criar constrangimentos para o poder público e impor dificuldades para a realização das próximas feiras da reforma agrária.

A Agrishow está na sua 24ª edição, mas a família Saad e os segmentos mais atrasados do agronegócio não querem uma terceira feira nacional da reforma agrária no Parque da Água Branca, no coração da cidade de São Paulo.

Não admitem que os assentados tenham a oportunidade de mostrar à população a produção da reforma agrária. Não querem desvelar o potencial da pequena agricultura, que produz em quantidade e qualidade com apenas 15% do crédito investido pelo governo federal no Plano Safra.

Não têm serenidade em acompanhar, com um raro sentimento de impotência, que milhares de pessoas que visitam a feira possam ver com os próprios olhos não apenas a farta produção, mas o rosto, as mãos, o cuidado e a dedicação de um povo trabalhador que costuma ser chamado nos noticiários de invasores, baderneiros e bandidos.

Não suportam que aqueles que "invadem terra" melhoram de vida, obtém conquistas e, por meio da luta e do suor do próprio trabalho sem patrão, ocupem um parque no centro de São Paulo com a sua produção de alimentos, cultura, cara e coragem.

Não aguentam ver que a realidade fabricada pelos latifundiários e seus braços ideológicas [sic] na grande mídia cair por terra, diante da contradição imposta pela experiência concreta que a feira da reforma agrária proporciona a milhares de paulistanos desejosos de alimentos saudáveis de qualidade quando se deparam com os resultados da luta do MST e da reforma agrária popular.

Os cães ladram e a caravana passa. Até a próxima feira nacional da reforma agrária em 2018!

Fonte: Viomundo, 6 maio 2017. Disponível em: <http://www.viomundo.com.br/denuncias/igor-felippe-band-cria-falsa-polemica-para-constranger-poder-publico-e-inviabilizar-feira-do-mst.html>. Acesso em: 28 dez. 2018.

Texto 2

Transcrição da reportagem do *Jornal da Band*

[Abertura da matéria] Uma feira provoca polêmica em São Paulo. Com os apoios dos governos federal, estadual e municipal o Movimento Sem Terra (MST) ocupa um parque público para vender produtos vindos de assentamentos.

[Repórter] Localizado na Zona Oeste de São Paulo, o Parque da Água Branca foi um projeto da Sociedade Rural Brasileira, inaugurado em 1929. O objetivo era ter um parque permanente para exposições e feiras, além do estudo e desenvolvimento do agronegócio. Mas agora, quase um século depois, o parque estadual é palco da segunda feira nacional da reforma agrária, promovida pelo MST, que, por não ter registro legal nem obrigação de prestar contas a nenhum órgão governamental, se vale de apoio de ONGs regulares para conseguir espaços públicos, como o Parque da Água Branca.

O evento que conta com quase mil participantes de todo o Brasil, divididos em dezenas de barracas, vai até domingo. Lá, integrantes do mesmo movimento, conhecido por já ter invadido terras e destruído centros de pesquisa, agora vendem o que é produzido nos assentamentos. Tudo com apoio da Prefeitura de São Paulo e dos governos do estado e federal.

[Integrante do MST] Essa comercialização direta, sem a figura do atravessador, quem produz é o assentado, o acampado que produz lá na roça, trazendo para quem consome.

[Texto da matéria] Em nota, a Secretaria Estadual do Meio Ambiente, responsável pelo Parque da Água Branca, afirma que permitiu a realização da feira por estar refém por uma decisão da Secretaria de Justiça, que prometeu o espaço ao MST. Diz, também, que quem pediu o espaço foi uma associação que apoia o Movimento Sem Terra. A Secretaria de Justiça disse que cedeu o parque à associação sem qualquer contrapartida financeira. A prefeitura afirma que apoia eventos que estimulem os pequenos produtores, independentemente da ideologia da organização do evento.

Além de vender alimentos diretamente dos assentamentos, os organizadores da feira querem discutir a reforma agrária e outros temas de interesse do MST.

[Repórter] Na barraca, as camisetas à venda exibem mensagens pedindo a saída do presidente Michel Temer. Na peça encenada ao ar livre, críticas diretas ao agronegócio e exaltação ao que o MST chama de bioagricultura, um dos projetos do movimento que seriam a salvação para alimentar o Brasil e o mundo.

[Texto da matéria] Só que essa ficção está muito longe da realidade. Um estudo feito na Universidade de Santa Catarina mostra que dos mais de 9 mil projetos de assentamentos existentes no país há dois anos pouco mais de 5% se consolidaram. A produtividade de quase 50% deles é abaixo da média brasileira. O ex-presidente do Incra diz que o modelo de reforma agrária é da década de 1960.

[Ex-presidente do Incra] O problema da nossa reforma agrária é que você não tem nenhum planejamento e o passaporte para você ter acesso à terra, a qualificação, simplesmente é zero. Simplesmente você invade, acaba ganhando. Portanto, entra gente para se tornar produtor rural, sem nenhuma qualificação. Não tem como dar certo!

[Texto da matéria] Em 2016, o PIB brasileiro recuou 3,6%. O resultado só não foi pior, graças ao agronegócio, que apresentou um crescimento de 4,48%. Já a safra de grãos de 2016-2017 deve chegar aos 228 milhões de toneladas, um crescimento de mais de 21%.

Fonte: Jornal da Band, 5 maio 2017. Disponível em: <http://noticias.band.uol.com.br/jornaldaband/videos/ ultimos-videos/16209342/parque-publico-e-usado-para-realizacao-de-evento-do-mst.html>. Acesso em: 28 dez. 2017.

2º passo

Com base nesse material, os grupos devem buscar, com a orientação do professor, o contexto em que as reportagens são escritas e quem são os meios que as divulgam, procurando as relações que produzem a notícia da forma como foram veiculadas. Com esta atividade, pretende-se que os estudantes conheçam quais interesses e intencionalidades estão "por trás" da notícia. Para tanto, o professor pode orientar os estudantes a pesquisar informações sobre os veículos de informação que foram utilizados: Viomundo e Rede Bandeirantes. Questões como: quem são os donos desses meios de comunicação? Há vínculos entre esses meios e os envolvidos na notícia? Se existem, quais são esses vínculos? Essas questões ampliam a análise, relacionando a notícia como "fato" para a construção de ideias sobre determinadas relações entre sujeitos sociais em ação, aproximando a todos da categoria ideologia. O importante é que os estudantes percebam que as notícias são formas de explicar o mundo e que, dessa maneira, buscam disseminar ideias relacionadas aos interesses de grupos e classes sociais. Esta atividade, no entanto, exige o auxílio do professor, pois nem sempre é fácil obter as informações, o que pode ser, também, motivo para debate.

3º passo

Agora que os estudantes já conhecem os argumentos e as teses da reportagem, bem como os grupos envolvidos em sua produção, vamos investigar a reportagem. Peça aos grupos que busquem mais informações sobre as afirmações feitas nas duas reportagens. Podem ser dados que corroborem os argumentos, outras notícias relacionadas, entrevistas com profissionais que possam auxiliar a compreender o tema em voga etc. O que se pretende é que possam ir mais fundo nos argumentos, verificando sua profundidade ou superficialidade e, assim, prepararem-se para elaborar sua própria reportagem.

4º passo

O professor deve orientar os grupos a construir uma reportagem (escrita ou filmada) que tenha o mesmo tema das analisadas. Este passo é um recurso pedagógico interessante, pois mostra que nossas ideias sobre os acontecimentos, as ações das pessoas e dos grupos envolvidos, nossos interesses, paixões e preconceitos interferem na construção de uma notícia reforçando, atenuando e enfraquecendo determinadas ideias. Dessa forma, contribuímos para a construção ideológica de forma diversa daquela de organismos de comunicação com grande alcance. Uma exposição ou mostra dos trabalhos dos grupos pode ser um pontapé para um bom debate sobre como se constrói ideologias na sociedade.

REFERÊNCIAS

CHAUÍ, M. **O que é ideologia?** São Paulo: Brasiliense, 2003.

EAGLETON, T. **Ideologia**. São Paulo: Boitempo, 1997.

ENGELS, F. **A origem da família, da propriedade privada e do estado**. Rio de Janeiro: Civilização Brasileira, 1982.

GRAMSCI, A. **Concepção dialética da história**. Rio de Janeiro: Civilização Brasileira, 1978.

MARX, K.; ENGELS, F. **A ideologia alemã**. São Paulo: Boitempo, 2007.

RANIERI, J. Alienação e estranhamento: a atualidade de Marx na crítica contemporânea do capital. In: **CONFERENCIA INTERNACIONAL LA OBRA DE CARLOS MARX Y LOS DESAFÍOS DEL SIGLO XXI**, 3, 2006, Havana. Disponível em: <https://www.nodo50.org/cubasigloXXI/congreso06/conf3_ranieri.pdf>. Acesso em: 28 dez. 2017.

9

Poder, política e Estado

Neste capítulo, que trata de poder, política e Estado, vamos nos deter no debate acerca das relações de força na sociedade capitalista contemporânea, abrindo mão de refazer um percurso histórico muito longo, como é comum em alguns livros didáticos de Sociologia, que discutem de maneira exaustiva a política nas cidades-Estado da Grécia Antiga ou na formação dos Estados nacionais europeus. Nosso intuito é discutir a relação entre poder, política e Estado tomando-os com base em suas relações na dinâmica da sociabilidade capitalista.

Quando falamos de Estado, é evidente seu caráter coletivo, pois não há como existir um Estado sem uma coletividade. A política, por sua vez, pode ser facilmente identificada como um programa para um grupo social, como a política educacional que atingiria professores, estudantes e seus familiares, mas não toda a sociedade. O poder, no entanto, pode ser visto como um ato relacionado a indivíduos, como muitas vezes já ouvimos: "ele tem o poder de decidir" ou "ela é poderosa".

Vejamos os títulos destas reportagens:

- "Instrutor agride ex-namorada dentro de academia e é preso em Betim" (PASSOS, 2015)

- "Fábrica de ônibus demite 850 funcionários em Erechim" (GUERRA, 2016)

- "Pai espanca filho de 5 anos porque ele demorou para ir comer e garoto morre" (ROCHA, 2016)

Lei Maria da Penha: A lei conhecida como Maria da Penha tem esse nome porque homenageia uma pessoa real: Maria da Penha Maia Fernandes, que foi vítima de violência durante 23 anos e sofreu duas tentativas de assassinato, sendo que uma delas a deixou paraplégica. A lei foi elaborada para proteger as mulheres vítimas de violência e também enquadra casos de casais de mulheres e transexuais. A lei não se trata somente de agressão e violência física, mas também identifica e pune casos de sofrimento psicológico, violência sexual e violência patrimonial cometidos contra mulheres, não necessariamente por seus maridos, mas também por outros parentes ou pares afetivos. Essa importante lei foi reconhecida pela ONU como um avanço importante na luta contra a violência contra as mulheres.

ECA: O ECA é um desdobramento da Constituição Federal de 1988, que dispõe sobre a proteção integral à criança e ao adolescente, tornando-se a lei n. 8.069 de 13 de julho de 1990. Essa lei é necessária para que crianças e adolescentes possam ter cobertura legal como prioridade, uma vez que o ECA afirma que nenhuma criança ou adolescente deverá ser objeto de qualquer forma de negligência, discriminação, exploração, violência, crueldade e opressão. »

Embora esses fatos tenham ocorrido com pessoas diferentes e em locais diversos, percebemos que há em cada um deles uma relação de poder estabelecida, ou seja, existe a imposição da vontade de um sobre outro, seja pela força (nos casos de agressão), seja pela lei (no caso das demissões). Observamos que, embora as ações ou suas consequências possam ser de âmbito individual (ex-namorados, pai e filho, patrão e funcionários demitidos), as relações operam no âmbito social. A violência contra a mulher e as crianças está presente socialmente e reproduz-se na vida cotidiana e por meio das ações dos indivíduos, mas não se restringe a eles como bem nos mostra Heleieth Iara Bongiovani Saffioti:

> *as relações patriarcais, suas hierarquias, sua estrutura de poder contaminam toda a sociedade, o direito patriarcal perpassa não apenas a sociedade civil, mas impregna também o Estado. Ainda que não se possam negar o predomínio de atividades privadas ou íntimas na esfera da família e a prevalência de atividades públicas no espaço do trabalho, do Estado, do lazer coletivo, e, portanto, as diferenças entre o público e o privado, estão estes espaços profundamente ligados e parcialmente mesclados. Para fins analíticos, trata-se de esferas distintas; são, contudo, inseparáveis para a compreensão do todo social. (2011, p. 54)*

Nas três situações apresentadas, as relações humanas em esferas diversas (família, relação afetiva, trabalho) chegaram a ser reguladas pela legislação, como forma de garantir a conduta socialmente desejada sob pena de punições aos transgressores. Sobre os casos mencionados nas reportagens, podemos citar a lei n. 11.340, de 2006, que ficou conhecida como Lei Maria da Penha, criada para coibir e prevenir a violência doméstica e familiar contra a mulher; a Consolidação das Leis do Trabalho, mais conhecida por sua sigla CLT, que regula as relações de trabalho; e o Estatuto da Criança e do Adolescente (ECA), de 1990, que trata de sua proteção integral pelo Estado e pela sociedade.

O que à primeira vista poderia ser entendido como uma ação isolada de indivíduos mostra-se agora como parte da dinâmica de produção e reprodução da vida em sociedade.

9.1 O PODER NÃO É UMA COISA E TODOS SOMOS POLÍTICOS

Sendo o homem um ser social, seu comportamento é resultado de múltiplas influências em graus e esferas diferentes. Como ser histórico, não apenas herda como também produz na interação com outros a vida social no presente, indicando possibilidades de futuro. A esfera da individualidade e da subjetividade não desaparecem, pelo contrário, são mediadas pelas relações em diversos círculos em que cada indivíduo vive, desde as relações imediatas até todo o gênero humano.

Se, em uma disputa entre amigos pela definição sobre qual passeio vão fazer juntos, a vontade de um se sobrepõe à vontade de outro, percebemos uma situação de submissão e dominação presente no âmbito individual, mas que está, sem dúvida, relacionada à esfera social. Será assim mesmo? E se esses dois amigos fossem de idades bastante diferentes? Ou de gêneros diferentes? Ou ainda de classes diferentes? A situação torna-se outra, não é mesmo? Porém, a situação pode ser alterada se o amigo que se submeteu à vontade do outro estiver em situação de impor sua vontade em outra relação.

Como um dos aspectos das relações humanas, o poder não é uma coisa que se dá ou se toma, mas uma relação que se constrói socialmente e, enquanto tal, está relacionada aos aspectos de cada sociedade em cada tempo e lugar. Assim, o caráter intrinsecamente social da vida humana faz com que cada um de nós partilhe modos e formas de ação na relação entre os homens e entre estes e a natureza. A relação humana coloca a todos a necessidade de regular nossas ações, construindo regras mediadas pelas condições de existência e pela razão. Essa é a "invenção" da política, em que nós, seres humanos, estamos mergulhados cotidianamente.

No trabalho com estudantes do Ensino Médio, é fundamental desnaturalizar as noções presentes no senso comum de que o poder é um lugar ocupado, como um cargo de chefia ou uma posição econômica privilegiada. Tampouco se deve tratar de política apenas como disputas eleitorais ou de partidos, entendendo-a como toda relação que envolve seres humanos e a vontade de um sobre outro. Propomos a construção da noção da política como relações de poder entre sujeitos históricos concretos em suas diversas esferas da vida social.

» Além disso, essa lei oferece proteção às crianças e aos adolescentes por meio de políticas públicas que visam garantir saúde, integridade e livre desenvolvimento da infância e da adolescência no Brasil.

Como disse Antonio Gramsci, o primeiro elemento para a ciência e a arte da política é que "existem efetivamente governantes e governados" (apud COUTINHO, 1991, p. 109), ou seja, quem manda e por quê. Quem obedece faz isso segundo quais justificativas? Seria a força o elemento que obriga a obediência ou, ao contrário, as pessoas são convencidas de que devem obedecer? Seria essa divisão parte da natureza humana ou uma construção histórica? Nas palavras de Gramsci:

> *Pretende-se que sempre existam governantes e governados ou pretende-se criar as condições nas quais a necessidade dessa divisão desapareça? Isto é, parte-se da premissa da divisão perpétua do gênero humano ou crê-se que ela é apenas um fato histórico, correspondente a certas condições? (apud COUTINHO, 1991, p. 113)*

Como vimos, as relações de força na sociedade que permeiam as diversas esferas da vida social não são dadas naturalmente, mas interligadas nas dimensões econômicas, políticas, ideológicas, históricas desde a individualidade até a totalidade social. Por essa razão, podemos afirmar que são resultado das relações sociais histórico-concretas.

Os regimes sociais que se sustentam sobre a divisão social hierárquica baseada na exploração de uma parcela da sociedade sobre outra constituem a divisão governantes-governados, mas nem sempre da mesma forma. Sociedades cujas relações de produção cindem os indivíduos em classes, como escravista, feudal e capitalista, correspondem a diferentes tipos de Estado que operam para a manutenção das relações de exploração e dominação sociais.

Vejamos, a seguir, com atenção, a questão do poder político e do Estado no capitalismo contemporâneo.

9.2 O ESTADO CAPITALISTA

Nas sociedades capitalistas, como vimos no Capítulo 4, a divisão de classes fundamental é aquela que separa capitalistas e proletários, sendo que os primeiros exploram a força de trabalho dos segundos, por meio da extração da mais-valia e da acumulação e concentração de capital. No entanto, tal processo de constituição da força de trabalho assalariada somente foi possível com o fim do vínculo de servidão/escravidão nos sistemas pré-capitalistas. O que possibilita que um capitalista explore um trabalhador é o fato de homens livres e iguais poderem celebrar contratos por vontade. De um lado, está o trabalhador que dispõe de sua força de trabalho, podendo vendê-la livremente no mercado de trabalho, onde encontra outros homens iguais e livres que podem comprá-la. Contudo, essa relação é "entre iguais" apenas superficialmente, pois podemos perguntar: não seriam as condições do capitalista comprador e do despossuído trabalhador bastante desiguais? Sem dúvida. A posição econômica de força em que está o capitalista é oposta à do trabalhador, que não tem outra coisa a vender para sobreviver senão sua força de trabalho, submetendo-se a condições impostas e não escolhidas. No entanto, é esse conjunto de "homens livres", sob a figura jurídica da igualdade e da liberdade, que garante a relação de assalariamento que é a base da exploração no capitalismo.

Essa igualdade formal que dá sustentação para a existência do Estado capitalista surge sobre determinado território (nação) e garante que seus cidadãos, independentemente de suas condições econômicas, pratiquem livremente atos de vontade, o que difere imensamente da condição do servo ou do escravo, como sabemos. O Estado no capitalismo, portanto, aparece à sociedade como um ente superior, descolado de seus conflitos e, por isso, capaz de arbitrá-los, quando na verdade é justamente a formalidade dessa igualdade que promove a desigualdade efetiva entre as classes sociais. Ao mesmo tempo que o Estado garante igualdade jurídica, promove a exploração entre as classes, justamente por garantir a forma-direito que se encontra na base da exploração, constituindo-se como elemento central na reprodução das relações de exploração e dominação capitalistas. Ao transformar homens em sujeitos individuais de direito, conferindo-lhes capacidade jurídica geral, o Estado reúne-os como membros da nação ou povo, fragmentando-os como classe social.

Por tudo o que discutimos até aqui, percebemos que desmistificar o Estado como árbitro dos conflitos sociais, o que é a regra no senso comum, é fundamental para que se compreenda a relação entre economia e política nas sociedades capitalistas contemporâneas. Daí a importância que damos à relação entre as divisões de classe na sociedade capitalista e o binômio governantes-governados, pois, como analisado por Karl Marx e Friedrich Engels, o poder de Estado é decorrente da exploração e da dominação da classe dominante sobre as demais classes e pode ocorrer em formas de Estado diferentes: democracia ou ditadura, por exemplo.

A existência de direitos específicos – como liberdade de ir e vir, de celebrar contratos de trabalho, de dispor de propriedade – é indispensável para a reprodução das relações capitalistas e estes direitos, a que chamamos direitos civis, foram resultantes de um processo intenso de luta social iniciada no século XVIII na Europa.

O direito político – liberdade de pensamento e organização, participação no poder político com a prerrogativa de escolha do governo (eleger e ser eleito) a todos os indivíduos – não é imperativo para a existência do capitalismo, que continua existindo mesmo sem parlamento ou com restrição e repressão a grupos sociais – em algumas conjunturas, torna-se inclusive necessário para mantê-lo. A implantação desses direitos foi muito desigual no tempo e no espaço, pois sofreu forte resistência das classes dominantes. Assim, foram direitos duramente conquistados, como o sufrágio universal, incluindo as mulheres, e a organização de sindicatos e partidos representando os trabalhadores.

Os direitos sociais, por sua vez, são aqueles que dizem respeito ao atendimento das necessidades humanas compatíveis com o estágio de desenvolvimento alcançado pelo capitalismo, ou, dito de outra forma, são a distribuição da riqueza produzida por meio de políticas públicas. Não se trata mais dos direitos fundamentais individuais, e sim dos direitos coletivos, como educação, saúde, trabalho, lazer, segurança, previdência social etc.

Esse conjunto de direitos constituem a cidadania que, assim como cada grupo de direitos, ainda que interligado, possui uma autonomia relativa. Desse modo, o avanço de um não significa necessariamente o avanço de todos, podendo até mesmo significar uma forma de regressão de um pelo avanço de outro, como a instauração de direitos sociais pode sustentar o apoio a governos ditatoriais.

Há ainda os direitos coletivos da humanidade, ou seja, aqueles que não têm fronteiras e que estão relacionados a direitos planetários, como ecologia, paz, autodeterminação dos povos, desenvolvimento, difusão e acesso a tecnologia. Estão todos ligados aos direitos humanos como construção mundial de um conjunto de referência de direitos que deveriam garantir a dignidade humana em todos os lugares do planeta. Mas esses direitos são assegurados a todos igualmente? É uma questão fundamental que aflige os jovens nas escolas, quando afirmam que o direito está apenas no "papel" ou que a "lei é uma coisa e a prática é outra".

Para que condições individuais ou coletivas sejam afirmadas como direitos, não basta surgirem na forma da lei – o que é condição fundamental –, mas terem instituições e políticas destinadas a sua execução. Embora sua existência legal seja o reconhecimento social de sua necessidade e legitimidade, sem condições para sua efetivação, tais direitos conferem uma defasagem que, longe de ser uma casualidade, evidencia sua ausência. É nesse ponto que a questão entre poder e forma de Estado se torna mais complexa. Estamos acostumados a reconhecer que é na democracia que os direitos são conquistados e garantidos, pois são garantidos por lei e pelos procedimentos institucionais que permitem a participação de todos e uma maior qualidade de vida.

Como vimos, o Estado capitalista que alçou os indivíduos à igualdade jurídica também se mostra como a esfera do interesse público e não de uma classe, ainda que a própria existência desse Estado seja parte inescapável da dinâmica da exploração e dominação capitalista. O Estado capitalista é, portanto, condição para o exercício do poder de uma classe, inclusive manifesto pela legalidade e, como tal, não é manifestação do poder de todos os indivíduos, grupos ou classes. A adequação das leis aos interesses de classes e grupos ao longo da história mostra como uma lei é resultado das relações de força na sociedade. Não fora a escravidão de indígenas e negros legal no Brasil? Também não eram legalizados no Brasil o voto censitário no século XIX, a proibição de greves no século XX e a perseguição, tortura e morte de opositores à ditadura civil-militar iniciada em 1964? Lutar pelo fim da escravidão, pela livre organização e ação e pela democracia tornava as pessoas fora da lei, criminosas e passíveis de punição.

Esse Estado capitalista, porém, apresenta-se sob regimes políticos que ampliam ou restringem as ações políticas. O regime político democrático efetiva as liberdades políticas – liberdade de expressão, reunião, manifestação, organização de classes e grupos, organização partidária – a todos os membros de todas as classes, com objetivo de representação no parlamento. Daí a importância das constituições, redigidas como representação da vontade da sociedade e que indicam as regras do regime democrático que orientam as ações políticas, constituindo sistemas de governo, como presidencialismo e parlamentarismo. Nas ditaduras, ao contrário, as liberdades políticas estão interditadas, e os poderes legislativo e executivo estão apartados da escolha dos cidadãos. No entanto, as ditaduras são muito lembradas por conta da perseguição e repressão das forças armadas e das polícias, e não exatamente pela inexistência de eleições (que, de fato, podem ser mantidas parcialmente).

> **Voto censitário:** O voto censitário, ao contrário do voto universal ou do sufrágio universal, é aquele em que grupos são impedidos de votar, seja por causa de gênero, posição social ou renda. No Brasil, por exemplo, o sufrágio universal somente foi adotado para todos os cargos a partir da Constituição de 1988. Desde a Proclamação da República, o voto censitário limitou a participação de diversos grupos. Mesmo o Brasil sendo uma república, menores de 21 anos, analfabetos, mulheres, militares de baixa patente, população em situação de rua, indígenas e integrantes do clero não votavam. Como é possível perceber, a conquista do voto universal em nosso país é bastante recente.

Entra aqui mais um elemento importante para discutirmos o Estado capitalista: a burocracia do Estado. Nas democracias modernas, a burocracia é formada pelos funcionários sem que haja barreiras formais para seu ingresso, independentemente de sua origem social, como acontece com os concursos públicos. O que não garante, como vemos adiante, que estejam aí membros de todas as classes, assim como ocorre com o parlamento. Isso porque mesmo nas democracias não há controle do Estado pela maioria da sociedade, pois:

- o acesso aos instrumentos da competição eleitoral se dá diferentemente entre as classes. Um exemplo simples é o montante que empresas "doam" para campanhas de candidatos e partidos, influenciando em suas plataformas e decisões políticas;

- o acesso aos postos da burocracia estatal difere entre as classes; ainda que as formas de ingresso possam parecer universais, as condições socioeconômicas afastam setores amplos das classes trabalhadoras das instâncias mais altas do funcionalismo estatal;

- o papel de todo Estado é assegurar a reprodução das relações de produção ainda que apareça como espaço de efetivação da igualdade entre os homens, que não se realiza por completo, pois as relações políticas estão vinculadas às relações econômicas que, no capitalismo, ainda que em um regime democrático, ocorrem pela exploração e dominação da classe dominante, a burguesia.

Ficaria, então, uma questão: é possível a ampliação de direitos no capitalismo? Sim, mas é um processo conflituoso que envolve a força das lutas populares por mais direitos e a cisão entre as classes dominantes como fatores determinantes para sua realização.

A esse respeito, vale a pena algumas considerações. A primeira é sobre o fato de a conquista de um conjunto de direitos poder ser a alavanca para outros. Esse é o caso dos direitos civis que abriram caminho para os direitos políticos; entretanto, essa possibilidade é sempre balizada pela relação de forças entre as classes e suas frações. Vejamos, por exemplo, a longa defasagem entre os direitos civis e a negação de amplos setores da burguesia ao sufrágio universal. Outra consideração pode ser feita sobre o fato de as conquistas de direitos não serem evolutivas nem irreversíveis, o que significa dizer que um grupo de direitos não leva necessariamente a outros e que, uma vez conquistados, não há garantias de que tais direitos sejam mantidos. A ascensão do neoliberalismo, que vem retirando direitos sociais desde os anos 1990 na América Latina e em todo o globo, é uma mostra de que são as relações de força entre as classes que determinam o avanço ou o recuo na conquista de direitos e sua efetivação ou negação.

Sem dúvida, as possibilidades de lutas sociais por direitos ampliados para a classe trabalhadora acontecem, ainda que de forma limitada, em melhores condições na democracia que nas ditaduras, quando sua organização e manifestação são negadas e a repressão a atinge profundamente. A cidadania, portanto, é ponto de partida e não de chegada das lutas sociais, que se dão no campo econômico, político e ideológico (ver Capítulo 8).

A cidadania na educação brasileira não está apenas no âmbito do currículo como também aparece como um dos objetivos do próprio Ensino Médio, conforme as Diretrizes Curriculares Nacionais, de 2012. Em seu artigo 4º, inciso II, essa etapa da escolaridade teria como objetivo "a preparação básica para o trabalho e a cidadania do educando para continuar aprendendo, de modo a ser capaz de se adaptar a novas condições de ocupação ou aperfeiçoamento posteriores" (BRASIL, 2012, p. 20). Assim, as diretrizes trazem para a disciplina Sociologia a necessidade de tratar desse conteúdo com a abordagem própria das ciências sociais, mostrando, de um lado, a especificidade de sua contribuição científica ao tema e, de outro, dialogando com as demais disciplinas como objetivo geral do ensino.

Nesse sentido, sugerimos abordar os conceitos de poder, política e Estado com base na análise de documentos em que se manifestam as ideias construídas em determinados contextos sócio-históricos e os conflitos de interesses de grupos diferentes. Para tanto, é preciso que o documento "crie vida", que seja recolocado no contexto de sua produção e das relações que o geraram. Alguns elementos para essa contextualização são fundamentais:

- Tipologia: determinar de que documento se trata, isto é, fonte escrita, visual, sonora, iconográfica, material etc.

- Datação e origem: além de identificar a data de sua produção, exata ou aproximada, dependendo do documento ou assunto, é importante oferecer informações sobre o período e o local em que foi elaborado.

- Autoria: consiste em oferecer informações sobre a autoria, individual ou coletiva, do documento, informando uma pequena biografia que identifique a relação entre a autoria e o assunto em pauta no documento.

- Contexto: busca fornecer elementos que ajudem a esclarecer o documento e o inserir no conjunto de relações e fatos que o produziram socialmente.

- Título, finalidade, assuntos e argumentos: o documento é escrito com determinadas finalidades, ou seja, destina-se a transmitir alguma mensagem a alguém. Com quem o documento dialoga? A quem se destina? Qual a tese central do material? O que busca comunicar? Quais argumentos sustentam tal ideia?

- Folha de análise: é importante que seja elaborado um roteiro de análise do documento em que os elementos citados estejam presentes e bem organizados, para que os estudantes possam organizar a análise e compartilhar com colegas do mesmo grupo ou de outros grupos em um processo comparativo e analítico.

9.3 INTERVENÇÃO DIDÁTICA: A LEI PERMITE TRABALHAR ATÉ A MORTE?

Como vimos ao longo deste capítulo, a relação entre poder, política e Estado deve ser analisada com base em relações de classe que fornecem o suporte material das estruturas jurídico-políticas. Com isso, não pretendemos sugerir que as relações políticas são um mero reflexo das relações econômicas, mas que as relações de poder, especialmente aquelas que perpassam a dinâmica do Estado, não possuem uma autonomia ilimitada. A análise de conjuntura apoiada em notícias cotidianas de jornais televisivos e impressos é um material farto para trabalhar com os estudantes do Ensino Médio. A proposta de intervenção sugerida neste capítulo pretende explorar esse recurso.

9.3.1 Descrição da atividade e dos objetivos

O objetivo desta intervenção é relacionar poder, política e Estado de forma que esses conceitos possam servir como instrumentos de análise social, por meio da interpretação de documentos, identificando as relações sociais presentes em sua produção, bem como sujeitos, grupos e classes envolvidas. Com esta atividade, pretendemos instigar os estudantes à pesquisa em fontes escritas em diversos suportes (físico e virtual), desenvolvendo a análise documental como forma de análise da realidade. Esse tipo de análise e confronto de ideias contidas nos documentos pode ser exercitado em quaisquer outros temas desenvolvidos neste capítulo, como a desigualdade entre homens e mulheres e a defasagem na efetivação de direitos sociais (transporte, educação, saúde etc.), por exemplo. Nossa proposta é desenvolver a relação entre poder, política e Estado com base na análise da legislação trabalhista e, como ela, ao mesmo tempo que protege os trabalhadores dos abusos patronais, torna-se, em muitos contextos, um instrumento a serviço destes para a exploração dos trabalhadores.

9.3.2 Desenvolvimento da atividade

1º passo

Com uma reportagem ou depoimento, sugerimos discutir a existência da morte por excesso de trabalho e sua relação com a legislação trabalhista no Brasil. A intenção é chamar a atenção para a existência de uma realidade em que há pessoas trabalhando até morrer, mesmo que exista uma legislação reguladora da jornada de trabalho. Queremos questionar com os estudantes o que produz esse tipo de situação, mapeando o que pensam sobre a existência desse tipo de situação no trabalho e por que acontece. Aconselhamos o uso das reportagens "'Morrer de tanto trabalhar' gera debate e onda de indenizações no Japão" e "Brasileiro não gosta de trabalhar?".

"Morrer de tanto trabalhar" gera debate e onda de indenizações no Japão

Zaria Gorvett

Da BBC Capital

1 outubro 2016

Os japoneses levam jeito para inventar palavras, principalmente as que se referem ao universo corporativo. *Arigata-meiwaku*, por exemplo, significa um favor que alguém fez sem ser solicitado e que você tem que agradecer mesmo assim; ou *majime*, um colega honesto e confiável que cumpre as tarefas sem fazer drama.

Mas existe um termo japonês que muitos de nós simplesmente não conseguimos entender: *karoshi*, ou simplesmente "morrer de tanto trabalhar".

Relatos de profissionais japoneses morrendo depois de jornadas de trabalho exaustivas estão nos noticiários há décadas. E os números indicam que não se trata de uma lenda urbana.

Esse fenômeno social foi inicialmente identificado em 1987, quando o Ministério da Saúde japonês começou a registrar os dados depois da morte repentina de uma série de executivos em altos cargos.

O problema é tão generalizado que se uma morte for considerada *karoshi*, a família da vítima recebe uma compensação do governo da ordem de US$ 20 mil por ano, além de uma indenização da empresa, que pode chegar a US$ 1,6 milhões.

Para isso, a vítima precisa ter trabalhado mais de 100 horas extras no mês anterior à sua morte – ou 80 horas extras por dois meses consecutivos ou mais nos seis meses anteriores.

Quando a lei foi implantada, as autoridades notavam cerca de 200 casos por ano. Mas em 2015, os pedidos de indenização chegaram ao número recorde de 2.310, segundo relatório do Ministério do Trabalho do Japão.

E isso pode ser apenas a ponta do iceberg: de acordo com o Conselho Nacional de Defesa para Vítimas de Karoshi, os números reais podem chegar a 10 mil por ano – aproximadamente a mesma quantidade de pessoas mortas no trânsito anualmente no país.

Eis um caso típico de *karoshi*: Kenji Hamada era funcionário de uma empresa de segurança em Tóquio. Tinha uma jovem esposa dedicada e um histórico profissional excelente. Para ele, era normal trabalhar 15 horas por dia e encarar 4 horas diárias no transporte público.

Até que alguém o viu debruçado sobre sua mesa no escritório. Foi vítima de um ataque cardíaco aos 42 anos de idade.

Hamada morreu em 2009, mas o *karoshi* fez sua primeira vítima 40 anos antes, quando um homem saudável, de 29 anos, sofreu um derrame depois de fazer turnos consecutivos no departamento de distribuição do maior jornal do Japão.

"Depois da derrota da Segunda Guerra Mundial, os japoneses passaram a ser os profissionais com a jornada de trabalho mais longa do mundo", explica Cary Cooper, especialista em estresse da Universidade de Lancaster, na Grã-Bretanha.

No Japão pós-guerra, o trabalho devolveu aos homens um propósito. Havia estímulos financeiros e motivação psicológica. As empresas aderiram a essa nova ordem e começaram a custear clubes de funcionários e outros benefícios como transporte, moradia, atenção de saúde e creches. E, logo, o mundo do trabalho passou a ser o centro da vida do adulto japonês.

Décadas depois, em meados dos anos 80, a coisa começou a desandar. Problemas na economia alimentaram uma escalada rápida e insustentável nos preços de ações e imóveis. O crescimento galopante, conhecido como "economia da bolha", levou os assalariados japoneses a seu limite.

No auge dessa fase, quase 7 milhões de pessoas (cerca de 5% da população do país na época) trabalhavam 60 horas por semana. Enquanto isso, os Estados Unidos, a Grã-Bretanha e a Alemanha ainda navegavam na tranquila jornada de 9h às 17h.

Segundo uma pesquisa conduzida em 1989, 45,8% dos chefes de seção e 66,1% dos chefes de departamento em grandes empresas japonesas acreditavam que iriam morrer de tanto trabalhar.

Quando a economia da bolha entrou em colapso, no início dos anos 90, a cultura do excesso de trabalho só piorou. No período conhecido como "década perdida", o *karoshi* atingiu proporções epidêmicas. O número de mortes de gerentes e outros executivos atingiu o auge e nunca mais baixou.

De quem é a culpa?

A morte de homens de meia-idade com alguma doença crônica é uma coisa. A morte de homens jovens, saudáveis e no melhor ponto de suas carreiras é muito mais alarmante.

Entre os milhares de casos registrados no Japão, surgem dois possíveis culpados: o estresse e a falta de sono. Mas será que isso pode mesmo matar uma pessoa?

É verdade que a ideia de sair para trabalhar após uma noite de insônia é horrível. No entanto, quase não há indícios científicos de que a falta de sono possa matar. O que há são provas de que dormir pouco pode aumentar o risco de doença cardíaca, distúrbios do sistema imunológico, diabetes e algumas formas de câncer.

E, contrariamente às expectativas, não há evidências de que o estresse, por si só, provoque um ataque cardíaco. Mas ele pode levar a hábitos nada bons para a saúde, como fumar, beber, ter uma alimentação ruim ou não fazer exercícios.

Portanto, o *karoshi* pode não ser causado pelo estresse ou pela falta de sono. Mas, curiosamente, pode estar ligado à quantidade de tempo passado no trabalho.

Ao analisar os hábitos e a saúde de mais de 600 mil pessoas, cientistas da University College London descobriram que aquelas que trabalhavam 55 horas por semana tinham 30% mais chances de sofrer um derrame do que aquelas que faziam jornadas semanais de 40 horas.

Não se sabe exatamente por quê, mas os especialistas acreditam que isso seja o resultado de se passar muitas horas sentado à mesa do escritório.

Fenômeno mundial

Os japoneses já não trabalham tanto quanto antes. Em 2015, um típico assalariado japonês passava menos horas no escritório do que seus colegas nos Estados Unidos. O campeão mundial de excesso de trabalho atualmente é o México, segundo um estudo da Organização para a Cooperação e o Desenvolvimento Econômico (OCDE).

Como era de se esperar, relatos de *karoshi* fora do Japão estão aumentando. A China perde cerca de 600 mil pessoas para o *guolaosi* (versão local do *karoshi*) a cada ano – ou 1,6 mil por dia.

"Índia, Coreia do Sul, Taiwan e China – a próxima geração de economias emergentes está seguindo os movimentos do Japão pós-guerra", afirma Richard Wokutch, professor de administração na escola Virginia Tech, nos Estados Unidos.

No coração financeiro de Londres, alguns casos também chamaram a atenção. Em 2013, o estagiário Moritz Erhardt, do Bank of America Merrill Lynch, morreu no banho após passar 72 horas trabalhando sem parar.

O jovem de 21 anos teve um ataque de epilepsia que pode ter sido deflagrado pelo excesso de trabalho. Após a tragédia, o banco limitou a jornada dos estagiários a 17 horas por dia.

Será culpa então de uma cultura de "estar presente"? Cooper acredita que sim. Em muitos países, parte do problema não é só a cultura de trabalhar duro, mas de ser visto fazendo isso. "Dá-se muita importância ao tempo que a pessoa passa no escritório, mas trata-se de uma atitude contraproducente", afirma.

Fonte: BBC, 1º out. 2016. Disponível em: <http://www.bbc.com/portuguese/vert-cap-37463801>. Acesso em: 28 dez. 2017.

Brasileiro não gosta de trabalhar?

Pode até não gostar, mas trabalha. A jornada média no Brasil é de 40,9 horas semanais, contra 38 horas na Alemanha e 35 na França

Por **José Francisco Botelho**

31 out 2016, 18h54 – Publicado em 6 abr. 2012, 22h00

Praia, calor, futebol, carnaval, excesso de feriados... Tudo isso costuma virar argumento na boca de quem acha que os brasileiros não gostam de trabalhar. OK, pode até ser que não gostem mesmo – tanto quanto americanos e europeus. Afinal, no mundo inteiro, os índices de insatisfação com o emprego são altos. Nos EUA, por exemplo, o Bureau de Estatísticas do Trabalho estima que quase 67% dos trabalhadores acham "chato" ou "muito chato" aquilo que se veem obrigados a fazer para ganhar a vida. E nem por isso os americanos são considerados pouco afeitos ao batente.

Gostando ou não gostando daquilo que fazemos, o fato é que nós, brasileiros, trabalhamos mais do que se trabalha na maioria dos países desenvolvidos. E não é de hoje! Já na década de 1930, os EUA e a Europa Ocidental criaram leis fixando a jornada de trabalho semanal em 40 horas. O Brasil, por outro lado, manteve uma jornada de 48 – além de 12 horas extras permitidas por lei – até 1988, quando a Constituição foi alterada. Só então a jornada máxima passou para 8 horas diárias e 4 horas aos sábados – totalizando 44 semanais.

Na Alemanha, trabalha-se em média 38 horas por semana. Na França e na Espanha, menos ainda: 35 horas. Aqui no Brasil, a média é superior a 40 – para ser exato, 40,9 horas, segundo a Pesquisa Nacional por Amostragem de Domicílios (PNAD) feita pelo IBGE em 2008. Embora a média seja menor que a jornada máxima prevista na legislação trabalhista, esse mesmo levantamento revelou que 1 em cada 3 brasileiros trabalha mais que 44 horas semanais. E que 1 em cada 5 vai além das 48 horas por semana.

"Enquanto a prática de horas extras é rigidamente controlada nas economias desenvolvidas, no Brasil é algo corriqueiro", diz o sociólogo Sadi Dal Rosso, da Universidade de Brasília (UnB). Os números comprovam. Segundo o Departamento Intersindical de Estatísticas e Estudos Socioeconômicos (Dieese), cerca de 40% dos brasileiros fazem hora extra com regularidade – e o índice sobe para quase 50% no caso de empregadas domésticas, trabalhadores rurais e comerciantes.

O mito da preguiça nacional tem raízes profundas. Tão profundas que chegou a ser fomentado por um de nossos intelectuais mais importantes – o historiador Sérgio Buarque de Holanda. Em sua obra *Raízes do Brasil* (Companhia das Letras, 1997), ele culpa nossos colonizadores pela "indolência brasileira". Ao contrário dos anglo-saxões, os fidalgos portugueses seriam avessos à ideia de ganhar o pão com o próprio suor.

Suor e lágrimas

No Brasil, a jornada de trabalho é longa. E o salário, curto

País – COREIA DO SUL

Jornada semanal de trabalho (em horas) – 55

Salário mínimo mensal (em US$ *) – 904

País – BRASIL

Jornada semanal de trabalho (em horas) – 40,9 **

Salário mínimo mensal (em US$ *) – 306

País – EUA
Jornada semanal de trabalho (em horas) – 40
Salário mínimo mensal (em US$ *) – 1.257

País – ALEMANHA
Jornada semanal de trabalho (em horas) – 38
Salário mínimo mensal (em US$ *) – Não há valor estipulado por lei

País – FRANÇA
Jornada semanal de trabalho (em horas) – 35
Salário mínimo mensal (em US$ *) – 1.855

* Cotação de 11/10/2010.
** População ocupada de 16 anos ou mais.

A gente rala, e muito!
Mais de 50% dos brasileiros vão além das 44 horas semanais de trabalho previstas em lei

JORNADA MÉDIA POR SEXO* (Semanalmente)
Homens – 44 horas
Mulheres – 36,4 horas

JORNADA DE TRABALHO*
Superior a 44 horas semanais – 33,7%
Superior a 48 horas semanais – 19,1%
Inferior a 35 horas semanais – 23,1%
Outras jornadas – 24,1%
REDUÇÃO DA JORNADA NOS ÚLTIMOS ANOS
1992 – 42,8 horas semanais
2008 – 40,9 horas semanais

* População ocupada de 16 anos ou mais.

Fontes: IBGE (PNAD 2008); Dieese.
Fonte: Superinteressante, 31 out. 2016. Disponível em: <http://super.abril.com.br/comportamento/brasileiro-nao-gosta-de-trabalhar/>. Acesso em: 28 dez. 2017.

2º passo

Com os estudantes, o professor pode desenvolver, de forma expositiva, uma análise da legislação trabalhista brasileira a respeito da jornada de trabalho, buscando informá-los quais são as garantias legais a respeito do tema. Como sugestão, pode-se trabalhar, por exemplo, com o artigo 7 da Constituição Federal e o detalhamento no *site* do Ministério do Trabalho. Em seguida, ainda na forma de aula expositiva, é possível reconstruir o processo de lutas sociais que levaram à consolidação da lei na atualidade. Vale a pena fazer uma comparação sobre os direitos garantidos pela Consolidação das Leis do Trabalho (CLT), em 1943, e aqueles que foram somente incorporados com a Constituição de 1988, lembrando que, em ambos os contextos, boa parte dos brasileiros ainda continuam sem acesso a muitos direitos trabalhistas.

Ministério do Trabalho: Disponível em: <http://trabalho.gov.br/>. Acesso em: 28 dez. 2017.

3º passo

O professor pode solicitar uma pesquisa na internet de imagens e documentos que explicitem as reivindicações e os argumentos dos diferentes setores sobre a composição da jornada de trabalho. Mais especificamente, propõe-se que os estudantes busquem documentos de entidades de empregadores e de sindicatos de trabalhadores que discutam o tema da jornada de trabalho, verificando como o Estado, por meio de acordos internacionais e nacionais, regulamenta e trata essa questão. Com esta última questão, além de estimular a pesquisa documental e a análise do discurso e da argumentação de cada setor envolvido, mostra-se como as forças sociais fazem pressão para ter seus interesses garantidos.

REFERÊNCIAS

ALTHUSSER, L. **Aparelhos ideológicos de Estado**. 3. ed. Rio de Janeiro: Edições Graal, 1987.

BRASIL. Ministério da Educação. Conselho Nacional de Educação (CNE). Resolução n. 2, de 30 de janeiro de 2012. Define diretrizes curriculares nacionais para o Ensino Médio. **Diário Oficial da União**. Brasília, DF, 31 jan. 2012. Seção 1, p. 20.

COUTINHO, C. N. **De Rousseau a Gramsci:** ensaios de teoria política. São Paulo: Boitempo, 1991.

ENGELS, F. **A origem da família, da propriedade privada e do Estado**. 8. ed. Rio de Janeiro: Civilização Brasileira, 1982.

GUERRA, G. Fábrica de ônibus demite 850 funcionários em Erechim. **GaúchaZH**, Porto Alegre, 2 set. 2016. Economia. Disponível em: <http://zh.clicrbs.com.br/rs/noticias/economia/noticia/2016/09/fabrica-de-onibus-demite-850-funcionarios-em-erechim-7368360.html>. Acesso em: 28 dez. 2017.

PASSOS, R. Instrutor agride ex-namorada dentro de academia e é preso em Betim. **Estado de Minas**, Belo Horizonte, 14 jul. 2015. Gerais. Disponível em: <http://www.em.com.br/app/noticia/gerais/2015/07/14/interna_gerais,668238/homem-agride-ex-namorada-dentro-de-academia-e-e-preso-em-betim.shtml>. Acesso em: 28 dez. 2017.

POULANTZAS, N. **Poder político e classes sociais**. São Paulo: Martins Fontes, 1977.

REDE SOCIAL DE JUSTIÇA E DIREITOS HUMANOS. São Paulo, 2017. Disponível em: <http://www.social.org.br/index.php/relatorios/relatorios-portugues.html>. Acesso em: 28 dez. 2017.

ROCHA, G. L. da. Pai espanca filho de 5 anos porque ele demorou para ir comer e garoto morre. **G1**, Santos, 17 jul. 2016. Disponível em: <http://g1.globo.com/sp/santos-regiao/noticia/2016/07/pai-espanca-filho-de-5-anos-porque-ele-demorou-para-ir-comer-e-garoto-morre.html>. Acesso em: 28 dez. 2017.

SAES, D. A. M. de. Cidadania e capitalismo: uma crítica à concepção liberal de cidadania. **Crítica Marxista**, n. 16, p. 9-38, mar. 2003.

SAFFIOTI, H. I. B. **Gênero, patriarcado, violência**. São Paulo: Fundação Perseu Abramo, 2011.

10

Movimentos sociais

Trabalhar com estudantes do Ensino Médio a questão dos movimentos sociais nos leva a pensar sob quais aspectos podemos apresentar o tema. Ele é tão amplo que encontramos dificuldades em delimitar uma abordagem. Essa dificuldade não é apenas de professores e também se apresenta entre estudiosos, sendo que há inúmeras vertentes explicativas para esse fenômeno.

Estamos falando de movimentos sociais, quando tratamos das greves do movimento sindical, das passeatas e intervenções culturais dos movimentos feministas e do movimento negro, das ocupações de escolas, dos movimentos dos sem-terra e dos sem-teto, dos acampamentos do movimento Occupy ou dos enfrentamentos da população na Primavera Árabe? Essas são todas formas de ação de movimentos sociais? O que definiria os movimentos sociais? Seriam as reivindicações? Ou as características dos grupos organizados? Ou suas formas de ação (abaixo-assinados, greves, passeatas)? Seria a combinação desses elementos? Poderíamos até questionar se podemos falar em movimentos sociais como uma categoria de análise por sua diversidade ao longo do tempo e na atualidade. Talvez a única afirmação consensual é a de que não há uma síntese única, uma teoria geral, uma só concepção do que são os movimentos sociais. É a polêmica, a divergência, as complementaridades e o esforço explicativo o que marca esse campo de estudos desde o surgimento da Sociologia, quando se buscava construir uma teoria sobre os conflitos e as mudanças sociais (GOHN, 2002).

Emerge, então, uma questão que não é menor nesse campo de estudos: é possível uma designação única para os movimentos sociais? Ou eles constituem um objeto único, homogêneo? Inversamente, poderíamos perguntar se não são vários os movimentos sociais. Poderíamos qualificar como movimento social um grupo de sem-teto que luta por moradia em determinado bairro e um grupo de moradores, desse mesmo bairro, que se organizam em torno do embelezamento da região, o que implicaria expulsar os sem-teto? Para responder a essas questões, precisamos retomar um debate clássico sobre as análises dos movimentos sociais que, consequentemente, influenciam as possibilidades de abordagem didática desse conteúdo.

O desenvolvimento do capitalismo, com a concentração de operários nas cidades e a intensificação das formas de exploração e dominação, fez emergir suas contradições com a luta das classes e grupos oprimidos, o que tem levado as ciências sociais, desde o século XIX, a destinar um olhar atento para a movimentação dos grupos reivindicatórios, buscando compreender suas causas, dinâmicas, organização, objetivos e resultados. Durante o século XIX e parte do XX, as análises se voltaram para o conflito entre trabalhadores e patrões, entre operariado e burguesia, procurando compreender a dinâmica da luta entre capital e trabalho, derivada das relações capitalistas de produção. A obra de Karl Marx, em sua extensa e profunda análise dos modos de produção e da constituição e dinâmica das lutas sociais, marcou a produção teórica e influenciou os movimentos socialistas e comunistas de todo o mundo.

Como vimos no capítulo 4, o capitalismo, como um regime social, construiu-se historicamente como uma forma de produção e reprodução da existência humana, baseada na propriedade privada dos meios de produção e na exploração de uma classe (burguesia) sobre outra (proletariado). Essas duas relações sociais (propriedade e exploração) estão na base da constituição das classes sociais. No entanto, não é somente o campo econômico que as define, sendo necessário pensar na tensão entre as esferas econômica, política e ideológica de maneira articulada.

A relação de exploração de uma classe sobre outra coloca tais classes em contradição de interesses, ou seja, para que o capitalismo possa continuar existindo como tal, é preciso que haja a exploração da força de trabalho do proletariado. Em contrapartida, o que interessa ao trabalhador é acabar com essa exploração, o que coloca trabalhador e burguês em campos opostos de interesses e em luta constante. O confronto entre as classes extrapola as relações da produção e se espraia para as relações políticas e ideológicas. Podemos ver isso, por exemplo, quando uma lei garante ou proíbe greves e manifestações, ou quando socialmente é aceita a punição à greve, com o corte de salários.

Durante a primeira metade do século XX, a análise dos movimentos sociais esteve, em grande medida, vinculada à compreensão da dinâmica dos conflitos no âmbito das relações de produção, com o movimento operário como seu principal protagonista. Os anos 1960 viram emergir diversos movimentos que não se colocavam como parte da contradição entre capital e trabalho. Para eles, não haveria um sujeito histórico (a classe trabalhadora) capaz de orientar as ações por transformação social advindo de uma dinâmica estrutural produtiva, e sim atores sociais constituídos por elementos culturais que formariam identidades que os colocariam em ações coletivas de cunho político, construídas na dimensão das relações entre indivíduos. Os movimentos sociais seriam forjados com base na construção identitária entre sujeitos fora das relações de produção, principalmente no âmbito cultural. Esses *novos movimentos sociais* estariam em oposição ao velho movimento operário, que estaria ultrapassado em suas reivindicações, visto que as sociedades estariam em um momento histórico pós-industrial. Os chamados novos movimentos sociais são bastante variados, com reivindicações que vão do âmbito social mais geral ao mais específico: pacifista, ambientalista, de gênero (feminista, homossexual, transexual etc.), geracional (jovens e/ou idosos), étnico etc.

Não se trata, evidentemente, de pensar contra os movimentos sociais em função de sua ênfase nas relações de produção ou reprodução da vida social, mas de buscar entender como estão articulados na dinâmica das relações capitalistas.

Em primeiro lugar, quaisquer movimentos sociais são postos em ação reivindicando alguma alteração da realidade vivida por seus membros. No entanto, tais reivindicações podem indicar a contestação ou preservação da ordem social vigente. Não há apenas movimentos que lutam por ampliação de direitos (caso dos movimentos feministas ou LGBT), há também movimentos que lutam pela retirada de direitos e até o extermínio de outros grupos (caso dos neonazistas, inclusive no Brasil). Nos anos 1980, no Brasil, uma forma de distinguir os movimentos sociais, chamando a atenção para sua heterogeneidade, foi entender os movimentos organizados por demandas das classes dominadas como movimentos populares (de luta por moradia, saúde, educação etc.).

LGBT: é a sigla para lésbicas, gays, bissexuais, travestis, transexuais e transgêneros, que os movimentos que lutam por direitos desses grupos utilizam para se autodefinir. Entre as pautas do movimento LGBT, estão a criminalização da homolesbobitransfobia, o reconhecimento da identidade de gênero, que inclui a questão do nome social, o casamento civil igualitário, a permissão de adoção para casais homoafetivos, entre outros.

Se considerarmos que as classes sociais estruturam as sociedades capitalistas e as põem em dinâmica – retomando a conhecida frase de Karl Marx em *Manifesto do Partido Comunista*, "a história de todas as sociedades que já existiram é a história da luta de classes" (1998, p. 9) –, as reivindicações, o projeto político, as ações de enfrentamento com grupos/classes opositores, as formas de luta para alcançar objetivos e a construção de solidariedade interna, tudo isso elaborado e realizado, total ou parcialmente, pelos movimentos sociais, alteram as relações de força no interior de cada formação social, ainda que os próprios movimentos neguem um caráter classista. Embora nem todo conflito se reduza a um conflito de classe gerado na produção, deve-se considerar a centralidade da oposição capital *versus* trabalho nas sociedades capitalistas, uma vez que as condições de reprodução do capital extrapolam o âmbito econômico, estendendo-se para a totalidade das condições sociais de existência, ou seja, a lógica mercadológica domina a vida cotidiana.

Ainda assim, é preciso reconhecer e evidenciar outras fontes de conflito e dominação que mobilizam grupos numerosos em diversos países atualmente. São exemplos os movimentos por direitos sexuais e reconhecimento de gêneros, que evidentemente não têm seu núcleo nas relações de produção, mesmo que os grupos de diferentes classes tenham interesses específicos e condições diversas de enfrentamento com o preconceito e a violência, inclusive estatal.

Consideremos como exemplo o movimento feminista. Ainda em meados dos anos 1960, a pesquisadora Heleieth Iara Bongiovani Saffioti afirmava que o capitalismo não havia criado a inferiorização das mulheres, mas se aproveitava desse traço social para impor a elas um grau maior de exploração. Da mesma forma que os homens da classe trabalhadora, ao exercer o domínio masculino sobre as mulheres, medeiam um processo de marginalização, "facilitando a realização dos interesses daqueles que na estrutura de classes ocupam uma posição oposta à sua", ou seja, "o domínio sobre as mulheres, não diretamente vinculado à estrutura econômica da sociedade, acaba por servir aos interesses daqueles que detêm o poder econômico" (SAFFIOTI, 2013, p. 123). Assim, um movimento feminista que não considere as desigualdades de classe entre mulheres na sociedade capitalista pode não atender às necessidades de uma parcela significativa delas.

Em segundo lugar, os movimentos sociais agem na esfera política, confrontando grupos e/ou classes para alterar as condições em que operam o poder político. O Estado no capitalismo, como vimos no Capítulo 9, apresenta-se como instituição acima da sociedade, neutro e imune às disputas entre classes. Assim, é visto como um mediador dos conflitos e, por isso, os movimentos sociais se dirigem a ele como interlocutor para a consecução de seus objetivos, tornados direitos e, portanto, resguardados. Como vimos, o Estado não é neutro, mas é instância em disputa para ocupar seus cargos (eleições no regime democrático, por exemplo) e para dar a ele direção (enfrentamento das classes e frações de classe que têm diferentes interesses manifestos nas políticas implementadas).

Não à toa que, em toda a literatura sobre movimentos sociais, a questão do direito e da relação com o Estado e os governos é de suma importância. São inúmeras as formas como os movimentos sociais se relacionam com o Estado. Em regimes ditatoriais, não é incomum que se formem movimentos confrontadores do Estado, deslegitimando seu governo e exigindo a instauração de um regime democrático, como foi o caso no Brasil no final dos anos 1970 e início dos 1980. Outra forma, também presente no Brasil no período de abertura política pós-ditadura civil-militar, é a postura de enfrentamento, ou seja, ao mesmo tempo que contrapõe o regime, é a ele que exige a execução de determinadas políticas. Para outros movimentos, o Estado é parte das reivindicações, como, por exemplo, a exigência de participação na formulação de políticas públicas. Outros ainda rechaçam a interferência do Estado e dos governos em suas ações, inclusive negando-se a negociar com ele, como é o caso dos Black Blocs, que recentemente ficaram conhecidos no Brasil por sua atuação nas manifestações de junho de 2013.

Por fim, como já destacamos, as formas assumidas pelos movimentos sociais dependem de um conjunto de fatores econômicos, sociais, políticos e ideológicos. Sua forma de agir está relacionada à concepção de mundo que permeia seu projeto político, suas reivindicações e formas de ação. Por exemplo, um movimento pacifista não usa a violência como forma de manifestação, a não ser por um profundo contrassenso. Os movimentos populares dos bairros periféricos de São Paulo que lutavam por direitos sociais, como moradia e transporte, e incorporaram a luta contra a ditadura se esmeravam em estabelecer dinâmicas de reunião e organização do movimento que propiciassem a participação, incentivassem o pluralismo de ideias e permitissem maior grau de autonomia dos participantes e do próprio movimento em relação ao Estado, aos governos e aos partidos, não aceitando "favores" (como o asfaltamento de ruas) em troca do arrefecimento de manifestações na

Black Blocs: Ao contrário do que se pode pensar, os Black Blocs não são novos, nem mesmo no Brasil, embora tenham se tornado mais conhecidos nas manifestações de rua em 2013. Eles se reconhecem como uma tática de luta e não como um grupo ou entidade. Surgidos na Alemanha, na década de 1980, foi uma forma de agir para defender as ocupações e universidades das ações da polícia. Com grande destaque mundial a partir dos movimentos antiglobalização dos anos 2000, a tática dos Black Blocs pode ser reconhecida pelo uso de vestimentas pretas e máscaras cobrindo o rosto, bem como pelos ataques a alvos do capital, ou seja, bancos, lojas e instituições que representem o capitalismo. Daí os confrontos com a polícia serem corriqueiros, pois há intenção de destruição desses locais protegidos pela polícia.

prefeitura, por exemplo. Há nos movimentos sociais a articulação de questões econômicas, políticas e ideológicas que se manifestam em diferentes aspectos de sua atuação.

Sem dúvida, há inúmeras possibilidades de abordagem da temática dos movimentos sociais e também existe um potencial de polêmica por mobilizar opiniões variadas. Porém, como já dissemos, não se trata de disputa entre opiniões, mas de buscar construir instrumentos com os quais os estudantes possam compreender a realidade em que vivem e intervir conscientemente nas disputas sociais em que, inevitavelmente, estão inseridos.

Assim, propomos que o trabalho com este tema considere três aspectos relevantes:

- o contexto em que os movimentos sociais surgem e quais aspectos são importantes para a geração de suas reivindicações;

- qual o projeto político que o movimento social construiu e defende (princípios, reivindicações, classes e grupos que o compõem etc.);

- formas de luta e concepção de mundo (organização interna, métodos de ação, ideologia etc.).

Por ser um tema composto de múltiplos elementos e que envolve uma ampla gama de grupos e reivindicações, que se apresenta já no plural – "movimentos sociais" –, consideramos que a abordagem mais promissora é a análise de um movimento social específico. Isso porque, abordar um tema tão variado tentando homogeneizá-lo em uma categorização pode empobrecer o objeto a ser estudado.

10.1 INTERVENÇÃO DIDÁTICA: SEM-TETO EM CIDADES COM TETOS SEM GENTE

10.1.1 Objetivos

A proposta desta intervenção didática é desenvolver com os alunos a compreensão de que os movimentos sociais surgem com base em necessidades relacionadas a aspectos sócio-históricos decorrentes das relações sociais. Outro objetivo é conhecer a importância dos movimentos sociais para a conquista e/ou manutenção de direitos. É um exercício de reflexão sobre a relação entre micro e macro das relações sociais que tem como objeto de conhecimento os movimentos sociais. Optamos por desenvolver a intervenção didática estudando um movimento específico, no caso, o Movimento dos Trabalhadores Sem Teto (MTST). Porém, esta proposta pode ser realizada com qualquer movimento social, uma vez consideradas suas especificidades. Como uma proposta, pode e deve ser adaptada às diversas realidades locais e às características dos alunos.

10.1.2 Desenvolvimento da atividade

Atividade 1

Levantar a vivência cotidiana dos alunos sobre a situação da moradia no Brasil atual, descobrindo o que sabem e pensam sobre esse assunto. Esta atividade pode ser realizada com os estudantes divididos em grupos de até quatro pessoas. Distribua a reportagem "Número de casas vazias supera déficit habitacional brasileiro, indica Censo 2010", com a seguinte questão: se há tanta casa sem gente, porque há tanta gente sem casa? Peça aos alunos que registrem suas respostas para que o debate entre os grupos seja socializado com os colegas, a fim de que todos conheçam os aspectos mais relevantes para cada grupo. É importante entender quais relações estabelecem entre a dinâmica econômica (mercado imobiliário, preço de imóveis e aluguéis etc.) e sua relação com elementos políticos (direito à moradia e à propriedade, políticas públicas de habitação, existência de movimentos sociais de moradia etc.). Após essa conversa, o professor pode escrever no quadro os elementos que apareceram como expressão do que os alunos conhecem sobre o assunto e que vai orientar as próximas atividades. Busque problematizar aspectos considerados mais relevantes para o aprofundamento do conhecimento sociológico.

Número de casas vazias supera déficit habitacional brasileiro, indica Censo 2010

11/12/2010 – 10h12

Vinicius Konchinski

Repórter da Agência Brasil

São Paulo – Os primeiros dados do Censo 2010 divulgados pelo Instituto Nacional de Geografia e Estatística (IBGE) mostram que o número de domicílios vagos no país é maior que o déficit habitacional brasileiro.

Existem hoje no Brasil, segundo o censo, pouco mais de 6,07 milhões de domicílios vagos, incluindo os que estão em construção. O número não leva em conta as moradias de ocupação ocasional (de veraneio, por exemplo) nem casas cujos moradores estavam temporariamente ausentes durante a pesquisa. Mesmo assim, essa quantidade supera em cerca de 200 mil o número de habitações que precisariam ser construídas para que todas as famílias brasileiras vivessem em locais considerados adequados: 5,8 milhões.

[...]

O déficit soma a quantidade de famílias que declaram não ter um teto, que habitam locais inadequados ou que compartilham uma mesma moradia e pretendem se mudar. Não leva em conta as famílias que vivem em casas adequadas de aluguel

[...]

Em entrevista à **Agência Brasil**, Wilheim lembrou, porém, que não se pode afirmar que todas essas casas poderiam ser habitadas já. Destacou que os domicílios vazios têm diferentes características, que ainda não foram divulgadas pelo IBGE. Muitas casas, inclusive, são propriedades cujo valor não é compatível para atender à demanda das famílias que compõem o déficit habitacional.

O coordenador da Secretaria Executiva da Rede Nossa São Paulo, Maurício Broinizi Pereira, também considera o número de domicílios vagos paradoxal. Ele ressaltou que, seguramente, muitas dessas moradias não serviriam para acabar com o déficit habitacional do país até porque estão vazias temporariamente, à espera de um inquilino ou comprador. Entretanto, defende que medidas como a taxação progressiva de imóveis desocupados poderia minimizar a situação.

[...]

Fonte: Agência Brasil, 11 out. 2010. Disponível em: <http://memoria.ebc.com.br/agenciabrasil/noticia/2010-12-11/numero-de-casas-vazias-supera-deficit-habitacional-brasileiro-indica-censo-2010>. Acesso em: 28 dez. 2017.

Atividade 2

Iniciando os estudos sobre a relação entre um fenômeno social e a geração de uma demanda por grupos/classes sociais, propomos a análise sobre o déficit habitacional e suas características mais evidentes que "produzem" os sem-teto atualmente. Para isso, sugerimos o uso do mapa, do gráfico e da tabela a seguir, que podem ser analisados pelos alunos com explicação do professor ou em grupos, divididos para estudo comparativo de mapas e tabelas. É importante destacar os componentes do déficit habitacional, o que caracteriza a falta de moradia, e como se distribui entre as faixas de renda.

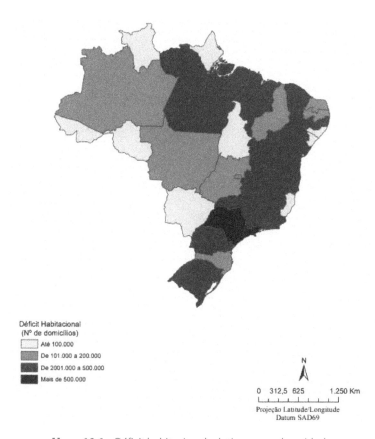

Mapa 10.1 – *Déficit habitacional relativo, segundo unidades da federação em 2013.*
Fonte: adaptado de Fundação João Pinheiro (2015, p. 10).

Fonte: dados básicos: Instituto Brasileiro de Geografia e Estatística (IBGE), Pesquisa Nacional por Amostra de Domicílios (PNAD) – 2013.
Adaptado de Fundação João Pinheiro (FJP), Centro de Estatística e Informações (CEI).

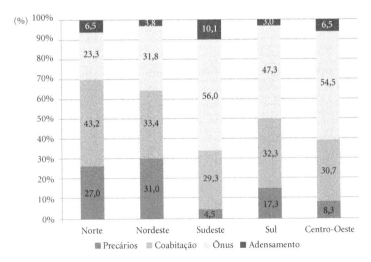

Gráfico 10.1 – Composição do déficit habitacional, segundo regiões geográficas em 2013.
Fonte: adaptado de Fundação João Pinheiro (2015, p. 7).

Fonte: dados básicos: Instituto Brasileiro de Geografia e Estatística (IBGE), Pesquisa Nacional por Amostra de Domicílios (PNAD) – 2013.
Adaptado de Fundação João Pinheiro (FJP), Centro de Estatística e Informações (CEI).

Com base nesses dados, surge a pergunta: o que a pesquisa considera ausência de moradia no Brasil? O que compõe o déficit habitacional no Brasil não é a propriedade de um imóvel, ou seja, se a família é dona de uma casa ou apartamento, mas se a família tem uma moradia adequada, mesmo que seja alugada. Então, os imóveis alugados para moradia não são considerados como déficit habitacional. Assim, o que compõe esses dados são:

- habitações precárias: lugares adaptados para morar, sem paredes de alvenaria, insalubres, como carros abandonados, parte inferior de viadutos, barracas, entre outros;

- coabitação familiar: quando famílias moram apenas em cômodos (cortiços e pensões) e quando duas ou mais famílias dividem a mesma residência, mas desejariam ter cada uma sua casa;

- ônus excessivo com aluguel: quando a família gasta mais de 30% de sua renda com o aluguel do imóvel;

- adensamento excessivo em domicílios alugados: quando o número de moradores por domicílio é muito alto, com três ou mais moradores por dormitório (FUNDAÇÃO JOÃO PINHEIRO, 2015, p. 5).

Tabela 10.1 – Distribuição percentual do déficit habitacional urbano por faixas de renda média familiar mensal no Brasil (grandes regiões, estados e regiões metropolitanas) em 2012

Especificação	Faixas de renda mensal familiar (em salários mínimos)			
	até 3	de 3 a 5	de 5 a 10	mais de 10
Região Norte	80,5	11,6	6,1	1,8
Região Nordeste	88,4	6,9	3,3	1,4
Região Sudeste	80,6	11,4	6,2	1,8
Região Sul	76,9	11,9	9,0	2,3
Região Centro-Oeste	83,1	9,3	4,6	2,9
BRASIL	82,5	10,1	5,6	1,8

Fonte: dados básicos da Pesquisa Nacional por Amostra de Domicílios (PNAD), v. 32, realizada pelo Instituto Brasileiro de Geografia e Estatística (IBGE), em 2012. Adaptada de Fundação João Pinheiro, 2015.

Atividade 3

Conhecendo os elementos do déficit habitacional, é importante também saber uma parte significativa da dinâmica de produção desse déficit, que é a especulação imobiliária. Propomos que os alunos reconheçam mecanismos de expulsão de setores da população de determinadas regiões e como o uso da terra urbana é parte desse processo. Sugerimos a leitura do texto "O que é especulação imobiliária?", do *site* Urbanidades, destacando com os alunos como a especulação pode ter relação com a produção do déficit habitacional e das periferias das cidades.

"O que é especulação imobiliária?": Disponível em: <http://urbanidades. arq.br/2008/09/o-que-e-especulacao-imobiliaria/>. Acesso em: 28 dez. 2017.

Atividade 4

O conhecimento dos alunos sobre Movimento dos Trabalhadores Sem Teto (MTST) pode se dar pelo contato com o material produzido pela própria organização. O uso didático do material se justifica para que os alunos conheçam o movimento por ele mesmo e não por meio de reportagens ou intérpretes. Propomos uma leitura da "Cartilha de princípios do MTST" a ser feita em pequenos grupos de alunos de acordo com um roteiro preestabelecido.

"Cartilha de princípios do MTST": Consultar em: <http://www.mtst.org/ linhaspoliticaseorganizativas. pdf>. Acesso em: 28 dez. 2017.

Roteiro preestabelecido: Ver sugestão de roteiro de análise de documento no final do item 9.2.

Figura 10.1 – Quem são os sem-teto do MTST.

Figura 10.2 – Como surgiu e quais são suas reivindicações.

Cada grupo vai extrair de cada parte da cartilha um elemento que, após sua exposição, vai compor um quadro geral sobre o movimento estudado. Sugerimos que cada grupo responda a determinada questão. São exemplos:

- Quem são os sem-teto do MTST?
- Como surgiu e quais são suas reivindicações?
- Como o movimento está organizado?
- Quais as maneiras usadas pelo movimento em sua luta para conquistar reivindicações?

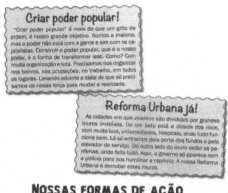

Figura 10.3 – *Forma de luta do movimento para conquistar suas reivindicações.*

A ORGANIZAÇÃO DO MTST
NOSSOS PRINCÍPIOS DE ORGANIZAÇÃO

O MTST tem sua organização baseada em alguns princípios. Encaramos a coerência com estes princípios como condição para a atuação de qualquer militante no movimento. São eles:

Unidade na ação e liberdade na discussão – Os militantes devem ter o direito de se posicionar e debater suas propostas nos coletivos em que fazem parte. Mas, uma vez definida a posição coletiva (por consenso ou voto) têm que atuar de acordo com ela.

Decisão coletiva e responsabilidade individual – As decisões no MTST são tomadas coletivamente: os militantes de cada coletivo devem participar da definição das linhas, posições políticas e dos planejamentos e avaliações. Mas, divididas as tarefas, o companheiro que assumi-la tem a responsabilidade de realizá-la e prestar contas ao coletivo.

Só decide quem atua – Todo militante do MTST tem que participar de algum coletivo e assumir alguma tarefa. Só há espaço no movimento para aquele que estiver comprometido com a execução das decisões tomadas, isto é, com alguma tarefa de construção.

Construção de poder popular – Este princípio se expressa em duas questões fundamentais: autonomia e formação política. Autonomia significa que as decisões do MTST são tomadas pelo MTST, sem interferência de qualquer outra organização ou do Estado. A formação política – como princípio – significa a proposta de formar continuamente militantes na base do movimento para assumirem responsabilidades políticas e participarem das decisões. Ou seja, o MTST deve ser conduzido pelos trabalhadores e deve haver um esforço organizativo para preparar cada vez mais trabalhadores para dirigirem a organização.

> **O que é um Princípio?**
> Em nossa vida temos muitas ideias e propostas. Algumas dão certo, outras não. E temos que ter a abertura de ver quando não dar certo e mudarmos. No MTST também é assim. Mas existem certas ideias que a caminhada do Movimento e a história de luta dos trabalhadores já mostraram que são muito importantes para nossa organização. Esses são nossos princípios. São ideias que não estamos dispostos a abrir mão, que são muito valiosas para nós.

Figura 10.4 – Como o movimento se organiza.

O quadro geral do movimento, isto é, a composição coletiva dos alunos, pode ser elaborado no quadro, mas é importante que seja, posteriormente, sistematizado como material individual, para que cada estudante possa realizar a síntese do conhecimento apreendido.

Atividade 5: entrevistas como recurso didático

Neste capítulo, sugerimos a discussão de um movimento social específico. No entanto, outros tantos movimentos sociais podem ser considerados para esta atividade didática, sobretudo se considerarmos que podem haver outros movimentos próximos da escola. Essa proximidade pode ser um facilitador na busca por informações, fotos, documentos, contatos para entrevista, que podem compor a intervenção didática.

A entrevista como fonte de pesquisa sociológica é uma técnica complexa e exige muita habilidade do entrevistador para estimular o entrevistado. Pode servir para complementar informações que não puderam ser coletadas de outras fontes, como a pesquisa bibliográfica e documental, e para produzir conhecimentos e interpretações originais sobre a realidade social e sobre as representações ideológicas dos entrevistados e das instituições que representam. Seu uso em sala de aula, no entanto, exige alguns cuidados. É recomendável que, se for gravada, o professor oriente os alunos a tomarem alguns cuidados éticos, como o consentimento do entrevistado em participar e sua permissão, ou não, para divulgar a identidade e reproduzir o áudio. São recomendadas as entrevistas curtas, com poucas perguntas e diretas, pois o material levantado em entrevistas costuma ser muito rico, o que complexifica a análise. O roteiro de questões deve ser preparado sob a supervisão do professor, que deve assegurar o tratamento sociológico dos temas abordados. Assim, para que o material levantado não se torne uma coleção de relatos individuais, o professor deve pedir uma interpretação sociológica da entrevista, assegurando que os alunos utilizem o repertório teórico e conceitual das ciências sociais.

Em nosso exemplo, os movimentos sociais, os alunos podem se dividir em grupos para entrevistar sindicalistas, militantes de movimentos de bairro, ecologistas, líderes de movimentos de sem-teto ou de jovens negros da periferia, entre outros. O roteiro pode ser baseado em três simples perguntas: como surgiu o movimento, quais são os objetivos do movimento e qual a trajetória de luta do movimento. Após as apresentações, o professor pode organizar um quadro interpretativo histórico-sociológico relacionando o surgimento e os objetivos de cada movimento com o contexto histórico e as problemáticas sociais emergentes.

Atividade 6

Para que conheçamos a síntese do que foi aprendido com esta intervenção didática, pode-se solicitar a cada estudante que elabore um texto dissertativo ou poético, um vídeo, uma exposição fotográfica, uma letra de música, entre outros, sobre a relação entre o déficit habitacional, a especulação imobiliária e a existência do MTST, ou sobre outro movimento estudado.

REFERÊNCIAS

FUNDAÇÃO JOÃO PINHEIRO. Centro de Estatística e Informações. **Déficit habitacional no Brasil 2013:** resultados preliminares – nota técnica. Belo Horizonte, 2015. Disponível em: <http://www.fjp.mg.gov.br/index.php/docman/cei/deficit-habitacional/596-nota-tecnica-deficit-habitacional-2013normalizadarevisada/file>. Acesso em: 28 dez. 2017.

GALVÃO, A. Marxismo e movimentos sociais. **Crítica Marxista**, n. 32, p. 107-126, 2001.

GOHN, M. da G. **Teoria dos movimentos sociais:** paradigmas clássicos e contemporâneos. São Paulo: Edições Loyola, 2002.

HARVEY, D. et al. **Occupy:** movimentos de protesto que tomaram as ruas. São Paulo: Boitempo, 2012.

_____. **Cidades rebeldes**. São Paulo: Boitempo, 2013.

LEHER, R.; SETÚBAL, M. (Org.). **Pensamento crítico e movimentos sociais:** diálogo para uma nova práxis. São Paulo: Cortez, 2005.

MACHADO, E. Contribuições para uma teoria política dos "movimentos sociais". **Revista Lutas Sociais**, São Paulo, v. 19, n. 35, p. 54-64, jul.-dez. 2015.

MARX, K. **O 18 de Brumário de Luís Bonaparte**. São Paulo: Boitempo, 2011.

MARX, K.; ENGELS, F. **Manifesto do partido comunista.** Rio de Janeiro: Paz e Terra, 1998.

PINASSI, M. O. Uma ontologia dos movimentos sociais de massas e o protagonismo atual das mulheres. In: _____. **Da miséria ideológica à crise do capital:** uma reconciliação histórica. São Paulo: Boitempo, 2009, p. 73-82.

SAFFIOTI, H. I. B. **A mulher na sociedade de classes:** mito e realidade. São Paulo: Expressão Popular, 2013.

SANTOS, R. B. dos. **Movimentos sociais urbanos**. São Paulo: Unesp, 2008.